JN452254

감성적이고
창의적인
유아를 위한

e-티칭 동시수업

강미희 著

21세기사

머 리 말

동시는 유아들의 문학적 소양을 길러 주고 감성을 자극하여 정서를 풍부하게 할 뿐 아니라 정서적인 안정감을 준다는 측면에서 유아문학교육에서 동화와 함께 큰 비중을 차지하고 있다. 5세 누리과정의 의사소통 영역을 살펴보면 교사는 유아들에게 동시를 다양한 방법으로 듣고 즐기도록 해야 할 뿐 아니라 유아들이 동시를 듣고 우리말의 재미를 느끼고 더 나아가서는 창의적으로 동시짓기를 할 수 있는 학습경험을 제공해야 한다고 제시되어 있다.

하지만 현재 유아교육 현장에서 이루어지고 있는 동시수업은 교사가 유아들에게 동시를 직접 들려주면 유아가 따라하거나 동시 그림자료를 보고 유아와 교사가 함께 반복해서 암송하는 단순한 형태로 이루어지고 있다. 또한 동시수업을 위한 유아교수매체도 유아들의 흥미와 감성을 자극할 만한 양질의 동시자료를 구하기 쉽지 않다. 인터넷에는 수 많은 교육정보들이 넘쳐 나지만 유아들의 발달과 흥미, 이해수준에 맞는 좋은 동시자료를 찾기 힘들다.

필자는 초등학교병설유치원에서 13년 교사생활을 하였고 유치원 교사직을 퇴직하고 대학교수로서 일한 지 13년째로 접어들고 있다. 예나 지금이나 항상 느끼는 것 중의 하나가 유아를 위한 가장 효율적인 교수방법은 유아들의 흥미를 유발할 수 있는 감성적이고 창의적이며 이해하기 쉽게 잘 조직된 과학적인 교수매체이면서 유아에게 감동까지 줄 수 있는 유아교수매체를 개발하여 유아들이 놀이를 하고 즐기면서 저절로 학습이 이루어지도록 접근시켜야 한다는 것이다.

유아교육은 아동중심, 놀이중심, 경험중심, 통합교육, 발달적합성(개인차, 연령, 사회문화적) 등을 고려한 교육실제를 통해 유아의 조화로운 발달을 도모하는 전인적인 아동을 목표로 하고 있다. 그러므로 이를 위한 교사의 역할을 수행하려면 유아교사는 유아의 눈높이 수준에 맞춰 유아의 감성을 자극하고 사고력을 향상 시킬 수 있는 질 좋은 교육내용과 교수매체, 교수기술, 교육환경을 확보하는 것이 무엇보다 중요하다.

21세기 유치원에서 19세기, 20세기의 유치원 교실과 다름없는 교사의 언어에 많이 의지되는 설명식 교수법 즉 교사가 사물의 명칭을 알려 주거나 교사의 일방적인 언어로 설명하고 정답을 제시해 주는 교사중심의 일방통행식 교수방법으로는 더 이상 성공적인 유아교육이 이루어지기 어렵다. 또한 유아의 흥미와 감성을 자극하지 못하는 하드보드지로 만든 평면적인 게임자료, 부직포로 만든 자료, 종이에 색칠하여 코팅한 평면적이고 단순한 교육자료, 밑그림이 그려져 있는 학습지 형태의 생동감이 없는 교수매체가 주류를 이루는 교육환경을 탈피할 필요가 있다.

그리고 이러한 노력의 하나로 유아교수매체 및 교수기술을 개선시키고 해결하는 방법을 모색하는 가운데 21세기 현시대의 지식정보화사회의 다양한 IT기술을 유아교육 전공지식과 유아교수매체 제작원리, 창의적인 아이디어를 잘 접목하여 통합한다면 훨씬 생동감있고 짧은 시간에 교사가 많은 말을 하지 않아도 유아가 스스로 흥미를 느끼고 몰입되어 저절로 학습내용과 의미가 이해되고 전달되는 감성적이고 창의적이며 효율적으로 학습할 수 있는 최첨단 유아교수매체 및 교수기술 개발이 가능하지 않을까하는 생각을 하게 되었다. 따라서 이것을 현실화 하고자 하는 노력이 매년 1학기에 '유아교수매체' 라는 교과목을 강의하면서 3학년 학생을 대상으로 수 년 동안 꾸준히 시도하였다.

그 결과, 2012년 우리 대학에서 실시하는 캡스톤 디자인(Capston Design) 프로그램 즉, 교과목 담당교수가 5~6명의 학생과 팀을 짜서 교과목을 보다 심화시키고 연구하여 전공 관련 산업체에서 실용적으로 활용할 수 있는 시제품을 개발할 수 있도록 지원하는 프로그램에 참여하므로써 '유아교수매체'라는 교과목 수업시간을 통해 'e-티칭 동시(Electronic Children's Verse Teaching)'라는 CD와 '감성적이고 창의적인 유아를 위한 e-티칭 동시수업(Emotional and creative Electronic Children's Verse Teaching class for young children)'이라는 책으로 출간되는 결실을 맺게 되었다.

'e-티칭 동시'라는 개념은 기존 유아교육이나 문학 장르에는 없는 독특한 형태의 동시라는 신개념이다. 쉽게 풀이하면, 유아에게 동시 감상, 동시 낭송, 동시 짓기 등의 교수활동에 활용되는 전자 형태의 동시 및 동시 자료, 동시 교수매체라는 의미이다.

e-티칭 동시는 앞에서 언급한 3가지 형태의 동시수업 뿐 만 아니라 동시를 손유희 및 신체표현하기, 동시를 개작 및 녹음하기, 동시 배경화면 재구성하기, 배경음악 작곡가와 동시작가에 관심 가지기, 동시짓기 및 e-티칭 동시 만들기 등 보다 다양한 내용과 유형의 동시 수업이 가능한 최첨단 창의적이고 멀티적인 요소를 포함하고 있는 교수매체이다. 교사가 동시를 낭송해주지 않아도 유아들이 자주 감상하면 저절로 외워지고 읊어지며 교사가 질문하지 않아도 유아가 동시를 감상하면 스스로 느낌을 말하게 되는 매우 감도가 높은 동시 교수매체이다. 즉, e-티칭 동시는 철저하게 유아의 눈높이에 맞는 유아에게 적합한 동시만을 엄선한 유아동시와 유아교수매체 전문 지식, 창의적인 아이디어, IT기술을 하나로 통합하여 제작 및 개발된 것이다.

'e-티칭 동시'를 유아교육 현장의 유아와 교사, 학부모를 대상으로 현장적용해 본 결과 유아와 교사, 학부모 모두가 매우 만족도가 높았을 뿐 아니라 긍정적인 반응을 보였다. e-티칭 동시라면 건조하고 딱딱하고 단순한 동시수업이 매우 감성적이고 즐거우며 효과적인 동시수업으로 바뀔 수 있는 획기적인 전환점이 될 것이라는 반응을 나타냈다. 그리고 교사가 들려주는 동시보다 e-티칭 동시를 통해 듣는 동시가 유아에게 훨씬 더 효과적이라는 반응을 보였다. 그래서 필자는 이에 자신감을 갖고 e-티칭 동시에 대한 책과 CD를 유아교육 현장에 보급해야 할 필요성을 느끼게 되었다.

그리고 이 책을 통해 예비유아교사든 초보교사든 또는 경력교사 누구든지 e-티칭 동시를 가지고 6단계 및 다양한 유형의 동시수업을 효율적으로 이끌어 갈 수 있도록 하기 위해 e-티칭 동시를 활용한 동시수업의 현장접근 교수활동 실제와 교육활동계획안을 예시하였다. 또한 18편의 e-티칭 동시를 동시수업에 활용할 수 있도록 컴퓨터상의 e-티칭 동시 배경화면을 순서대로 배열하여 쉽게 작동방법을 알고 편리하게 접근시킬 수 있도록 하였다. 더 나아가서는 유아교사 개개인이 원하는 동시를 e-티칭 동시로 직접 제작할 수 있도록 필요한 정보를 제공하였다.

그리고 별첨부록인 e-티칭 CD에는 3가지 파일이 저장되어 있다. 첫번째 파일은 18편의 동시를 동시수업에 활용하도록 각각 분리하여 저장한 폴더가 있다. 두번째 파일은 동시를 원하는 크기로 칼라 출력하여 벽에 부착할 수 있도록 동시 그림모음집 파일을 따로 만들어 놓았다. 그리고 세번째 파일은 16편의 e-티칭 동시를 한번 클릭으로 연속적으로 감상할 수 있도록 e-티칭 동시 연속감상용 파일을 만들어 놓았다

e-티칭 동시 책과 CD가 유아교육 현장에 널리 보급되어 유아교사라면 누구든지 e-티칭 동시를 활용하여 유아를 위한 즐거운 동시수업을 진행할 수 있기를 바란다. 유아들에게도 e-티칭 동시를 통해 동시수업에 자발적으로 적극 참여할 뿐 아니라 동시를 좋아하고 동시를 즐겨 낭송하는 태도가 형성되길 바란다. 유아의 문학적 소양교육 및 정서교육, 인성교육에도 긍정적인 영향을 미치기를 바란다. 아무쪼록 필자와 우리 대학 유아교육과 3학년 학생들의 열정적인 사고와 작업의 결과물이 유아교육 현장의 동시수업의 질적인 향상을 꾀하는데 조금이나마 보탬이 되었으면 한다.

그리고 18편의 e-티칭 동시를 개발 및 제작하는데 많은 열정과 집념을 갖고 최선의 노력을 다한 2012학년도 3학년 학생들에게 마음 깊은 곳에서 우러나오는 감동과 고마움을 이 자리를 빌어 전하고 싶다. 특히 책과 CD 출간을 위해 매주 토요일 필자와 함께 작업하고 계속적인 만남과 끝없는 토론을 하며 아이디어 창출에 참여한 김지은, 박신영 학생에게 감사의 마음을 전합니다.

이 책과 CD를 출간하는 직접적인 동기가 된 Capston Design 이라는 좋은 프로그램을 운영

하고 지원해 주신 우리 대학 산학협력단에도 감사를 표합니다.

어렵고 힘든 부분이 많을 텐데 기꺼이 칼라로 책을 출간해 주신 21세기사출판사 이범만 사장님과 편집부 직원분들께도 감사를 드립니다.

끝으로 필자가 좋은 삶을 살아가도록 항상 헌신적인 뒷바라지와 물심양면의 지원과 격려를 아끼지 않은 존경하고 사랑하는 부모님께 이 책을 바칩니다.

감사합니다.

광주보건대학교 연구실에서

- 저자　강 미 희 -

차 례

Part 01 유아를 위한 동시수업과 e-티칭 동시 / 11

Part 02 e-티칭 동시수업의 실제 / 49

Part 03 e-티칭 동시의 제작 및 활용 / 85

Part 04 e-티칭 동시 CD(별첨부록) / 195

Part. 01

유아를 위한 동시수업과 e-티칭 동시

1. 유아의 감성을 자극하는 e-티칭 동시 CD의 개발
2. e-티칭 동시(CD)란 무엇인가?
3. e-티칭 동시(CD)의 유아 동시수업 현장적용
4. e-티칭 동시 18편의 교육적인 활용

Part 01

유아를 위한 동시수업과 e-티칭 동시

1. 유아의 감성을 자극하는 e-티칭 동시 CD의 개발

21세기의 가장 대표적인 패러다임은 지식정보화 사회, IT기술, 세계화라고 일컬을 수 있을 것이다. 오늘날 IT기술 및 컴퓨터, 인터넷은 인간 생활의 필수품이 되었을 뿐만 아니라 인간의 생활모습을 새롭게 재편하고 있다. 이러한 변화는 다양한 전문영역으로 보편화 되어 가고 있으며, 특히 의료기술 및 영화제작, 업무의 사무자동화 등에서 경제성과 효율성을 높이고 부가가치를 창출하는데 폭넓게 활용되고 있다. 이제 IT 정보기술 및 소프트웨어 프로그램의 적용수준 및 범위는 한 국가의 발전지표를 나타내는 척도가 되었다.

이러한 시대적인 요구는 교육에 있어서도 예외가 아니며 이를 최대한 활용하여 질 높은 교수기술 및 교수방법의 획기적인 변화를 지향하는 추세로 나타나고 있다. 외국의 대학에서는 e-포트폴리오의 제작 및 활용을 통해 교사교육의 질적인 향상을 꾀하고 있다. 또한 학습자와 교수자간의 교수-학습 능력을 높이기 위한 교사교육 프로그램, 교사자격 평가, 전공 교육과정, 교육실습 교과목 등에 e-포트폴리오를 활성화하고 있다. 특히 미국의 많은 대학들은 교사교육 프로그램에 e-티칭 포트폴리오를 1학점 또는 2학점의 선택과목으로 운영하고 있으며 졸업자격을 결정하는 조건으로 적용하기도 한다. 그리고 교육실습 마지막 학기에 e-포트폴리오 개발을 의무화하는 대학들도 늘어나고 있다.

이러한 현상의 공통적인 목표는 예비교사 및 현직교사로 하여금 e-티칭 포트폴리오 제작을 통해 자신의 수업과 경험에 대해 성찰하고 테크놀로지 사용을 보다 숙련되게 하므로써 교사들의 정보화 능력을 높이려는데 있다. 그러므로써 교사들은 교육의 내용과 방법, 교육의 형태를 다양화하고 개선해 나감과 동시에 교육 구성원 개개인의 의식과 행태를 정보화 사회에 맞게 변화시

킴으로써 보다 탄력적이고 생산적이며 효율적인 교육을 구현할 수 있다.

이러한 시대의 흐름에 발 맞추어 우리나라의 유아교육도 IT시대에 걸맞는 획기적인 교수매체 및 교수기술의 개발을 통해 21세기에 적합한 최첨단 교수방법 및 교육환경을 구축할 필요가 있다. 즉 e-티칭, e-러닝, e-포트폴리오 개념을 유아교육 전문성과 접목시킨 교수기술과 교수자료, 평가방법 등의 개발 및 활성화가 유아교육현장에서 이루어져야 할 것이다.

필자는 이 작업의 하나로 대학의 유아교육과 교육과정(curriculum)에 들어있는 '유아교수매체'라는 교과목 수업시간을 통해 교수와 학생이 함께 공동작업으로 IT기술을 총체적으로 접근하여 유아교육 전공지식과 창의적인 아이디어를 결합시킨 e-티칭 이야기 나누기 교수자료와 이를 활용한 교수기술, e-티칭 동시자료와 이를 활용한 교수기술, 유아작품 e-포트폴리오 평가 자료 등을 개발하였다. 그리고 이를 유아교육 현장에 적용해 본 결과, 유아와 교사들의 반응이 매우 긍정적으로 나타났으며 유아들에게 흥미있고 효과적인 수업이 되도록 하는데 많은 도움이 되는 것으로 확인되었다.

이에 21세기 최첨단 교수매체 및 교수기술로 개발한 것 중 하나인 유아의 감성과 창의성을 자극하는 e-티칭 동시(CD) 교수매체 및 교수기술을 책과 CD를 통해 유아교육 현장에 보급하고자 한다. 그리고 e-티칭 동시 CD와 책을 활용 하므로써 대학의 예비유아교사와 유아교육 현장의 현직교사들도 원하는 e-티칭 동시를 독자적으로 만들 수 있는 능력을 습득시키고자 한다.

또한 유아교육 현장에서 e-티칭 동시 CD를 동시 수업에 유용하게 활용하므로써 유아를 대상으로 한 동시 수업의 질이 한층 향상되는 계기가 되었으면 한다. 즉 유아교육 현장의 동시 수업이 유아에게 감성을 자극하고 창의성을 길러 주며 교사에게는 동시감상과 동시낭송, 동시짓기 등의 교수활동을 한층 효율적으로 수행하도록 도움을 주었으면 한다. 그러므로써 유아와 교사간에 유치원에서 즐겁고 재미있는 동시 수업시간이 되기를 바란다.

1) e-티칭 동시(CD) 개발의 필요성 및 목적

유치원에서의 동시감상 및 동시낭송 수업은 동시 제목에 맞는 배경의 그림과 함께 동시 글이 적혀진 그림자료를 활용하거나 동시 녹음테이프 등을 활용하여 들려주는 방식으로 진행된다. 또는 교사가 동시를 직접 읊어 주거나 교사가 한 줄, 한 줄 동시를 낭송하면 유아들이 반복해서 따라하거나 한줄씩 번갈아 가면서 읊는 정도의 단순하고 미흡한 수준에서 이루어지는 교수활동이 주류를 이룬다.

이로 말미암아 동시감상 및 동시낭송 수업은 유아들에게 관심과 흥미를 불러 일으키지 못할 뿐 아니라 마치 동시를 외우는 것이 동시교육활동의 목표인 것처럼 보인다. 또한 단순히 동시를 소개하거나 게시판에 붙여진 동시 그림자료를 쳐다보고 읽는 수준에서 그치는 경향이 있다. 이와 같은 동시수업은 마치 앵무새가 주인의 말을 무조건 반복해서 따라하는 듯한 인상을 주고 유아들에게는 아무런 정서적인 감흥을 주지 못하는 지루한 시간이 되고 만다. 따라서 유아들은 1~2주에 1개 정도의 동시와 관련된 수업을 접하는 데도 불구하고 동시에 대해 관심과 흥미를 갖고 내용과 의미를 심도있게 이해하고 스스로 내재적인 동기유발로 자연스럽게 반복하여 암송하고 음미하면서 동시를 즐기는 태도를 형성하기 어렵다.

현재의 유치원에서 활용되는 정적이고 단순한 동시 교수매체로는 유아들에게 흥미를 유발하고 감성을 자극하여 정서적으로 심도 깊고 수준 높은 양질의 동시 교육활동을 기대하기 어렵다. 또한 동시감상 및 동시낭송 수업이 효과적으로 이루어지지 않는 상태에서 유아들에게 동시감상과 낭송을 거쳐 더 높은 수준의 동시짓기로 연결하는 동시수업을 시도한다는 것은 더욱 어렵다. 따라서 필자는 이러한 유아교육 현장에서의 동시 수업 문제를 해결할 필요성을 절실하게 느끼게 되었다.

그리고 2012년 3학년 1학기 유아교수매체 시간에 학생들과 유치원에서의 동시감상 및 동시낭송 수업의 문제를 해결할 수 있는 유아교육 현장밀착형 캡스톤 디자인(Capston Design, 제품화 할 만한 실용성 있는 설계 및 디자인) 개념을 도입하여 유아들에게 동시감상 및 동시낭송, 동시짓기 수업의 질을 한층 향상시킬 수 있는 유아교수매체 개발에 착수하게 되었다. 즉 유아교육현장에서 교사와 유아가 모두 활용할 수 있으면서, 유아들의 흥미를 유발하고 감수성과 창의성을 자극하며 정서적인 감도가 높아 그래서 자꾸 보고 싶고, 자꾸 듣고 싶은 e-티칭 동시 CD를 개발하고자 하였다.

e-티칭 동시 CD가 유아교육 전공 학생들의 전문적인 지식과 창의적인 아이디어 그리고 IT기술과 통합되어 유아의 눈높이에 맞게 적합하게만 개발된다면 이는 시청각적 기능을 지닌 고효율성 동시 CD 교수학습매체가 될 수 있다. 즉, 굳이 교사와 유아가 스스로 입으로 암송하지 않아도 동시 CD를 언제든지 원하는 시간에 눈으로는 컴퓨터 모니터나 스크린의 동시 배경화면 및 글자, 등장하는 사물 및 인물 화면을 보고, 귀로는 동시 낭송을 들으면서 동시의 내용과 의미가 저절로 연결되고 이해되는 한층 생동감 있고 심도 깊게 스며드는 감성을 자극하는 동시를 경험

할 수 있다.

2) e-티칭 동시(CD) 개발의 과제수행 목표

'e-티칭 동시' CD 교수매체 개발에 대한 전반적인 이해를 위해서는 어떤 과제수행 목표를 세우고 e-티칭 동시 개발에 전력을 기울였는지 살펴 볼 필요가 있다. 유아의 동시감상, 동시낭송, 동시짓기 등을 효율적으로 향상시키기 위한 'e-티칭 동시' CD 자료 개발을 위한 과제수행의 목표는 다음과 같다.

첫째, 유아용 동시・유아교수매체 전공 지식・창의적인 아이디어・IT기술을 통합한 시청각적 기능을 가진 유아 동시수업에 활용할 동시 CD 교수매체를 개발한다.

둘째, 교사와 유아가 동시감상 및 동시낭송 수업에 언제든지 쉽게 활용하고 이해할 수 있는 흥미와 감성을 자극하고 정서적인 즐거움을 줄 수 있는 동시 CD 교수매체를 제작한다.

셋째, 산학협력 유치원과 대학이 공동으로 참여하여 학생들의 'e-티칭 동시' CD자료 개발 지도를 통해 최대한 현장밀착형 'e-티칭 동시' CD 자료를 개발한다. 또한 이를 적합하게 유아교육현장에서 활용할 수 있는 교수기술 접근법을 구안한다.

넷째, 캡스톤 디자인(capston design)으로서 현장적용 가능성이 높고 현장교사의 호응도가 높은 유아의 눈높이에 맞는 유아교육용 상품으로서 가치가 있는 유아교육용 동시 CD를 생산하고 보급한다.

다섯째, 학생들은 유아교수매체 수업시간을 통해 유아교수매체 이론과 실제를 통합하고 연결하며 창의적인 아이디어를 접목시켜 응용하는 능력을 확보 할 뿐 아니라 최첨단의 IT기술을 결합하여 유아교육 현장에서 실용화 가능한 e-티칭 동시 CD 교수매체로 제작하는 전과정을 통해 유아교수매체 교과목에 대한 성취감을 극대화한다.

여섯째, 유아교육 현장에서 요구하는 창의성, 효율성, 자율성, 안정성, 경제성 등 모든 측면을 통합적으로 고려할 수 있는 전문적인 e-티칭 동시 CD 자료를 제작하고 이를 활용하여 최첨단의 동시 수업 교수기술을 가진 동시 교수효능감이 높은 유아교사를 양성한다.

일곱째, 대학의 교수와 학생, 산업체의 교사 및 원감, 원장이 공동으로 참여하여 다양한 심사 및 평가를 통한 여러번의 수정 및 보완을 거쳐 창의적이고 감성적이며 정교하고 실효성 높은 e-티칭 동시(CD)를 개발한다. 그리고 이를 위해 e-티칭 동시를 활용한 동시수업 발표회, 유치원 현장에서 유아, 교사, 학부모를 대상으로 e-티칭 동시감상 기회 제공, 만족도조사 실시, 캡스톤 디자인 명품교수매체 선정 심사 등을 개최한다.

여덟째, 개발한 'e-티칭 동시'를 CD와 책자로 출간하여 유아교육 현장에 보급하여 활용하도록 하는 것은 물론 교사들이 책자를 통해 원하는 동시를 직접 e-티칭 동시로 개발 및 제작할 수 있는 능력을 습득하도록 돕는다.

과제수행 목표를 살펴보면 e-티칭 동시의 개발은 유아와 유아교육 현장에 초점을 맞춰 이루어졌으며 제작과정에서도 유아교육의 다양한 전문가들이 참여하는 공동심사 및 공동평가, 현장 적용 등을 철저하게 거치는 과정을 통해 개발 되었음을 알 수 있다.

3) e-티칭 동시(CD)의 개발과정

e-티칭 동시의 구상 및 구안하는 개발과정을 간단하게 설명하면 다음과 같다. e-티칭 동시는 파워 포인트(Power Point) 또는 포토샵(Pohtoshop) 프로그램을 사용하여 제작한다. 파워포인트 프로그램을 활용한 e-티칭 동시제작방법은 나중에 3장에서 컴퓨터 화면을 제시하여 이해하기 쉽게 구체적으로 다룰 예정이다. 따라서 여기서는 e-티칭 동시를 개발하기 위한 구상 및 아이디어, 세부적인 필요 및 선택, 결정을 어떻게 해서 e-티칭 동시를 제작하는 전체적인 틀을 형성할 것인지를 중심으로 하여 이해를 도모하고자 한다. e-티칭 동시 개발과정을 대략 설명하면 다음과 같다.

① 유아에게 생활주제 또는 소주제에 적합한 동시를 선정하거나 직접 창작한다.

② 동시 제목 및 내용에 적합한 글씨체, 글자크기, 글자색깔, 글자배열 공간의 위치 등을 동시의 형식 및 교수매체 제작원리, 교수방법 등을 고려하여 결정한다.

③ 동시 글을 어떤 속도와 방법으로 제시할 것인가를 고려한다. 예를 들면 동시 전체 글자를 처음부터 한꺼번에 제시할 것인가? 아니면 처음부터 한꺼번에 제시해 놓고 동시가 낭송되면 그 부분만 글자 색깔이 변하도록 할 것인지 또는 연이나 행별로 동시낭송이 나올 때마다 글자를 그때 그때 제시할 것인지를 결정한다.

④ 동시 제목 및 내용과 관련된 배경화면 수를 결정한다. 예를 들면 동시에 적합한 배경화면을 심도있게 고려한 1장면만을 처음부터 끝까지 제시하고 동시 낭송 부분 부분 작은 변화만

줄 것인지를 구상한다. 또는 연에 따라 필요한 수 만큼 배경화면을 새롭게 구성하여 배경화면에 변화를 줄 것인지를 결정한다. 즉 동시의 내용에 따라 배경화면이 1개만을 구성하여 동시낭송 처음부터 끝까지 활용하는 것이 적합할 수도 있고 동시 제목이나 내용의 특성상 배경화면을 2~3개를 구성하여 해당된 행이나 연이 낭송될 때, 배경화면을 바꿔주는 방식이 적합할 수도 있다.

⑤ 동시의 배경화면을 구성할 때는 충분한 토론을 거쳐 배경화면에 나오는 사물, 사람, 분위기가 동시 제목 및 내용에 적합한지를 심사숙고해서 결정한다. 즉 동시의 내용과 의미가 잘 연결되고 일치되도록 치밀하게 배경화면을 구성하는 것이 필요하다. 또한 배경화면이 유아의 뇌에 잘 흡수되도록 간단명료하면서 동시의 의미 및 개념이 신속하게 감지될 수 있도록 한다. 그러므로 무조건 많은 색깔, 화려한 색깔을 넣어 아름답게 꾸미는 것이 배경화면의 목적이 되어서는 안 된다. 배경화면은 동시 내용의 핵심에 해당되는 꼭 필요한 것만 정선하여 간단명료하고 함축적으로 구성할수록 유아의 눈높이에 맞고 이해가 쉬우며 배경화면의 흡수속도가 빨라지고 흡수율도 높아진다.

⑥ 동시의 행과 연의 글자 및 내용의 제시에 따른 매순간마다 동시 제목과 관련된 대표적인 사물이나 사람, 캐릭터를 1~2개 또는 3~4개 등을 등장시켜 작은 움직임 및 이동, 변화를 주어 동시의 배경화면 및 동시낭송에 생동감 및 신선감을 주도록 한다.

⑦ 동시낭송 및 녹음은 동시제목 및 내용, 분위기에 맞는 음성, 유아의 생각 속도에 맞는 낭송 속도, 음성의 높낮이 조절, 발음의 정확성 등을 고려하여 무수히 반복 연습하여 충분히 동시낭송으로서 만족스러운 수준이 되었을 때 녹음한다.

⑧ 동시 내용을 심도있게 분석하여 동시낭송을 몇사람이 할 것인지, 여성의 목소리로 할 것이지 아니면 남성의 목소리로 할 것인지, 남성과 여성이 부분별로 나누어 번갈아가며 낭송할 것인지, 동시내용에 따라 어떻게 감정과 호흡을 조절할 것인지를 세세하게 결정 및 계획하여 연습 및 실제 녹음시 반영한다.

⑨ 동시와 배경화면은 동시낭송과 일치되게 잘 연결하여야 한다. 즉, 동시가 제시되는 순간에 이미 이에 따른 적합한 배경화면, 캐릭터, 사물의 등장 및 움직임이 먼저 바뀌어져 있거나 바뀌면서 바로 이어서 동시 글이 제시되어야 하며 동시 글이 제시된 3~4초 후에 동시낭송이 나오도록 해야 유아에게 동시 글과 내용에 따른 의미가 잘 발현될 수 있다. e-티칭 동시의 가장 독특한 특징이자 장점은 책이나 그림자료, 게시판에 제시되는 동시는 시각적

인 동시라고 한다면 e-티칭 동시는 시각과 청각이 함께 어우러져 감성을 자극하고 심도있게 스며드는 시청각이 통합된 형태의 동시라는데 있다. 그러므로 시각적인 면과 청각적인 면을 밀도 높고 정교하게 잘 일치되게 합치시켜 어우러지도록 구성하는 것이 무엇보다 중요하다.

⑩ 처음으로 제작 완성한 e-티칭 동시를 CD 및 USB에 저장하여 유아교육 현장에 수업실연으로 적용하기 전에 세밀하게 검토하고 연구하여 더욱 정교하게 e-티칭 동시를 수정 및 보완하거나 업 그레이드 한다.

⑪ 최종적으로 제작 완성한 e-티칭 동시(CD 및 USB 저장)를 유아교육 현장에서 교사들에게 동시수업에 활용토록 하여 유아와 교사의 반응을 점검하고 미비하거나 미흡한 점을 재검토하고 보완한다.

⑫ 최종적인 수정 및 보완을 완료하여 완성된 e-티칭 동시를 CD에 저장하여 적합한 CD 겉표지를 작성하고 e-티칭 동시명과 개발자를 기입하여, e-티칭 동시 개발을 완료한다.

4) e-티칭 동시(CD)의 활용방안 및 기대효과

개발한 e-티칭 동시(CD)의 유아교육 현장에서의 활용방안 및 기대효과를 살펴보면 다음과 같다.

첫째, 유아의 발달 및 이해수준, 흥미에 적합한 e-티칭 동시(CD)를 동시감상, 동시짓기 수업에 활용함으로써 동시수업에 있어서 생동감, 효율성을 기할 수 있을 뿐 아니라 유아의 감성과 창의성을 자극시켜 동시수업의 질적인 향상을 꾀할 수 있다.

둘째, e-티칭 동시의 다양한 활용 및 교수방법의 경험을 통해 새로운 동시수업 교수기술을 창출할 수 있다.

셋째, 유아교육 현장의 동시수업에 있어서 수동적인 학습자였던 유아를 능동적인 학습자로 변화 시킬 수 있을 뿐 아니라 교사들의 동시수업 방식도 단순한 방식에서 다양한 방식으로 동시수업 진행이 가능한 교수활동을 습득할 수 있다.

넷째, 교사와 유아가 스스로 입으로 애써 암송하지 않아도 동시를 감상함으로써 동시의 내용과 의미를 저절로 이해하고 파악할 수 있도록 한층 생동감 있고 심도 깊게 스며드는 감도 높은 동시를 경험할 수 있다.

다섯째, 고감도, 고효율성의 시청각적 기능을 살린 e-티칭 동시를 활용함으로써 유아는 언제든 원할 때, 직접 손으로 조작하면서 눈으로는 컴퓨터 모니터나 스크린의 동시 글과 배경화면을 감상하고 귀로는 동시낭송을 들으면서 저절로 입으로 되뇌이게 하는 학습효과를 유발한다. 따라서 유아로 하여금 동시를 좋아하고 즐기게 하는 태도를 기르는데 매우 유익한 동시 교수매체로서 그 교육적 가치가 풍부하다.

여섯째, e-티칭 동시는 동시수업 집단활동에 활용할 수 있을 뿐 아니라 컴퓨터 영역에서 유아 개별학습 자료로서도 활용할 수 있다.

일곱째, e-티칭 동시는 동시수업 교수용 자료로 초점이 맞추어 개발 되었지만 유아의 e-러닝 자료로서도 손색이 없을 정도로 활용할 만한 교육적 가치가 있다.

여덟째, e-티칭 동시는 유아와 교사 개별 및 집단활동 양자에 효과적으로 활용할 수 있을 뿐 아니라 유아와 교사 모두가 조작하기 쉬워 접근성과 활용도가 높은 유아 동시수업용 교수학습매체로서 효용성이 매우 높다.

아홉째, 적은 비용으로 유아교육 전공 지식과 IT기술, 풍부한 창의적인 아이디어를 결합하여 제작한 e-티칭 동시는 경제적인 측면에서도 최소한의 투자로 최대한의 교육결과와 높은 부가가치를 창출하는 우수한 교수매체이다.

2. e-티칭 동시란 무엇인가?

1) e-티칭 동시의 개념

여기서 말하는 e-티칭 동시(Electronic Children's Verse Teaching)란 기존에 없는 전혀 새로운 동시 개념으로 전자 동시(Electronic Children's Verse)를 교수활동(teaching)에 활용한다는 의미로 간략하게 'e-티칭 동시(Electronic Children's Verse Teaching)'로 명명하였다. 이를 구체적으로 바꾸어 말하면 '교수활동에 활용하기에 적합한 형태의 전자 동시' 라는 의미이다. 즉 '컴퓨터의 온라인에서 동시를 활용하는 동시수업 및 동시 교수활동'이라고 할 수 있다.

이는 기존의 동시자료, 즉 동시 글과 그림으로 된 동시 그림자료 또는 영상과 함께 동시 글이 제시되는 UCC 형태의 동시 또는 한 화면에 동시에 맞는 하나의 이미지 배경화면을 구성하여 동시 글을 제시해 놓은 인터넷 온라인상의 동시들과는 확연히 다른 방식의 동시 이다. 즉, e-티칭 동시는 기존의 어떤 동시 자료와도 다른 새로운 방식 즉 동영상 동시자료도 아니고 그림 동시자료도 아니며 그렇다고 화면이 일률적으로 한 장면만으로 구성되고 동시 글이 제시된 온라인 상의 동시도 아닌 상당히 독특한 형태를 취하고 있는 동시 및 교수매체라고 할 수 있다.

이는 우리나라에서도 처음으로 제작된 새로운 형태 및 방식의 동시 교육자료로 예비유아교사 교육자인 교수와 유아교육을 전공하는 예비유아교사, 현직에 근무하는 교사와 원장, 원감 등 유아교육 전문가들이 공동으로 참여하여 개발한 것이다. 그러므로 기존에 없던 새로운 'e-티칭 동시' 에 대한 개념을 정리할 필요가 있다.

e-티칭 동시는 e-포트폴리오(Electronic Portfolio), 유아 동시, 유아교육 교수법을 하나로 결합하여 만든 동시자료라고 할 수 있다. 동시 제목 및 동시 내용의 이미지에 맞는 사운드와 캐릭터, 배경화면을 설정하고 동시의 내용과 의미 전달에 꼭 필요한 핵심이 사물과 및 동물, 사람을 등장시켜 아주 잔잔한 변화와 작은 움직임이 나타나도록 만들어져 있다. 그리고 이러한 기능을 살리기 위해 파워 포인트 프로그램 또는 포토샵 등의 컴퓨터 소프트 웨어 프로그램이 사용되었다. 이는 e-포트폴리오 개념과 IT(Information Techonology) 기술을 유아교육의 동시수업에 필요한 것들만 도입하여 접목시켰다고 할 수 있다. 그리고 여기서 활용된 동시는 초등학교 아동의 동시와는 구별된 유아만을 대상으로 유아들의 수준에 맞는 유아 동시만을 포함하여 구성하였다. 또한 유아교육의 다양한 교수방법을 고려하여 e-티칭 동시를 치밀하게 구성하고 조직하여 완성하였다. 즉 유아의 인지 및 정서의 발달 수준을 정확하게 이해하고 이를 기준으로 배경화면, 배경음악 및 음향효과, 글의 제시 방법 및 속도, 동시낭송의 높낮이 및 속도 등을 조절한 것이다. 특히 동시의 배경화면은 유아의 정서발달 특성 및 심미적 감각 등을 치밀하게 고려하여 선택 및 결정하여 만들어졌다.

한마디로 'e-티칭 동시(Electronic Children's Verse Teaching)'란 교사가 유아에게 감성적이고 창의적인 동시감상, 동시낭송, 동시짓기 교수활동을 효과적으로 수행할 수 있도록 유아동시와 최첨단 IT기술, 유아교수매체 제작원리를 결합한 유아를 위한 최첨단 동시 교수매체라고 정의 할 수 있다. 그리고 'e-티칭 동시' 개념을 보다 이해하기 쉽게 간단명료하게 3가지로 제시하면 다음과 같다. 하나는 전자 동시(electronic children's verse)라는 새로운 형태의 독특한 동시 장르를 의미하고 또하나는 유아교육에서 동시수업에 활용하는 동시자료 즉 동시수업을 위한 교수매체를 의미한다. 그리고 또다른 하나는 컴퓨터 온라인에서 전자 동시를 동시감상 및 동시낭송에 활용하거나 동시짓기 등 다양한 유형의 동시수업에 융통성있게 활용하는 동시 교수활동을 의미한다.

2) e-티칭 동시의 특성

e-티칭 동시는 단순히 유아들에게 동시를 감상하고 따라서 반복 낭송하는 것만을 목적으로 만들어진 동시자료가 아니다. e-티칭 동시의 특성은 다음과 같다.

첫째, e-티칭 동시는 유아를 대상으로 한 동시 수업시, 교사가 교수활동에 다양한 동시와 관련된 교수방식을 수행할 수 있도록 복합적인 수업 구상하에 만들어진 멀티 교수기술을 수행할 수 있는 최첨단 동시수업을 위한 교수매체이다. 즉, 동시 감상 및 낭송, 동시 손유희 및 신체표현, 동시 개작 및 녹음, 배경화면 재구성, 배경음악과 작곡가, 동시 작가에 관심 가지기, 동시짓기와 e-티칭 동시 만들기 등 다양한 형태의 동시수업이 가능한 유아를 위한 동시수업용 교수자료로 초점을 맞추어 개발된 교수매체이다. 나중에 2장에서 나오는 e-티칭 동시를 활용한 동시수업 실제에서 e-티칭 동시를 활용한 동시수업의 기본 형태로 동시감상 · 동시낭송 · 동시개작 3가지 교육활동을 연계한 동시수업과 다양한 유형의 동시 교육활동을 6단계로 나누어 4주~6주에 걸쳐 연결하여 이루어지는 동시수업에 대해 자세히 설명되어 있으니 참고하기 바란다. 이를 읽어보면 e-티칭 동시가 매우 다양한 형태의 동시수업이 가능하도록 만들어진 동시 교수매체라는 것을 충분히 이해할 수 있다.

둘째, e-티칭 동시는 유아동시 · 유아교수매체 제작원리 · 유아교육 교수법 · IT기술를 통합한 최첨단 교수매체일 뿐 아니라 컴퓨터 온라인상에서 컴퓨터 키보드를 활용하여 아나로그 방식의 교사가 칠판에 분필로 필기하듯 스크린이나 모니터의 글자와 색깔, 화면을 변경하는 작업을 통해 디지털식 동시수업 교수기술이 가능하도록 제작되었다.

셋째, e-티칭 동시를 원할 때 언제든 CD 및 컴퓨터 바탕화면, USB를 통해 쉽게 접근하여 활용할 수 있는 형태의 동시 수업용 교수매체로 제작하였다. 즉, 직접 손으로 쉽게 조작하면서 눈으로는 컴퓨터 모니터나 스크린의 동시 글과 화면을 감상하고 귀로는 동시 낭송을 들으면서 저절로 입으로 되뇌이게 하는 고감도, 고효율성의 시청각적 기능을 살려 개발하였다.

넷째, 유아를 위한 동시수업의 집단활동 및 개별활동 교수학습 자료로써 유아와 교사 양자가 유용하게 활용할 수 있도록 고안하여 제작하였다.

다섯째, 유치원에서 동시수업과 동시 교수방법에 있어서 획기적인 전환점이 될 수 있는 매우 생동감있고 효율적인 동시 교수매체이다. 즉, 유아와 교사 모두에게 호기심과 흥미를 유발하고 감성적인 자극을 주어 저절로 몰입되어 다시 한 번 감상하고픈 마음이 일어날 수 있는 심도 깊고 효율적인 동시 수업이 이루어질 수 있도록 제작되었다. e-티칭 동시는 세상에 처음 나온 만큼 처음 접하는 유아교사와 학부모들의 정확하고 깊이있는 이해를 도모하기 위해 e-티칭 동시 제작과정에서 경험한 보다 구체적이고 다양한 e-티칭 동시의 특징 및 정보에 대해 기술하고자 한다.

최첨단 21세기 IT시대에 적합한 e-티칭 동시는 화면 구성이 기-승-전-결로 되어 있고, 동시낭송의 음성, 호흡, 속도, 높낮이 등도 유아의 발달과 선호를 고려하여 녹음하였다. 이러한 e-티칭 동시는 어른의 눈높이에 맞는 낭송 및 화면 구성이 아니다. 어린이들이 이해하고 흥미를 느낄 수 있도록 언어와 그림이 '어린이답다'는 조건에 맞게 제작된 동시이다. 그리고 동시 글이 배경화면보다 주가 되고 돋보이도록 해야 한다. 즉 배경화면은 동시 글의 내용과 의미를 쉽게 이해하고 파악하도록 동시 글을 받쳐주는 부수적인 역할이 되도록 한다.

e-티칭 동시를 제작할 경우 먼저, 동시 분위기를 고려하여 낭송을 한다. 동시의 낭송은 미리 녹음을 하여야 하는데 이때 유아에게 이야기를 전달하는 듯한 어조로 해야 하며 낭송 속도, 음성의 고저 모두 동시 내용을 고려하여야 한다. 또한 배경음악은 동시낭송 소리보다 커서는 안 되며 동시 낭송의 효과를 높이는 부수적인 기능으로 쓰여야 한다. 그리고 음성 녹음이 완성되면 낭송 속도, 음성의 고저에 맞게 배경화면과 배경음악을 선정하고 동시 내용에 맞는 캐릭터나 여러 가지 사진과 그림을 적절히 삽입한다. 이 때, 동화 속의 주인공이 등장하거나 유아가 친근하게 느끼고 평소 자주 즐기는 캐릭터들이 등장을 하게 되면 좀 더 흥미를 이끄는 동시를 제작할 수 있다.

동시 내용에 맞게 애니메이션 효과(그림, 글의 효과)를 지정하여야 하며 이 효과는 기-승-전-결의 구성으로 이루어지도록 해야 한다. 배경음악의 경우, 동시를 듣기 전 유아들의 흥미를 자극하기 위하여 효과음을 넣기도 하며 동요음악 혹은 클래식 음악을 사용하기도 하는데 이러한 배경음악은 낭송보다 3, 4초 먼저 나오게 설정하여 동시를 보기 전 유아의 호기심을 자극하도록 하여야 한다. 또한, 동시의 내용은 한꺼번에 제시하기 보다는 연이나 행으로 나누어 나오도록

제작하여 유아가 내용과 그림을 함께 이해하도록 하는 것이 좋다. 하지만 한꺼번에 동시 글을 제시한다면 동시 낭송과 함께 동시의 글이 한 행씩 색깔이 바뀌도록 제작하는 방법도 좋다. 즉 검정색으로 동시 글을 한꺼번에 제시했다면 각 행의 동시 낭송이 시작되기 3~4초 전에 각 행의 검정색 글씨가 노란색으로 점차 변하도록 기능을 설정하여 생동감을 주는 것이 좋다. 「보름달」 e-티칭 동시가 이런 방식으로 동시 글과 낭송이 제시되는 대표적인 사례이다. 별첨부록 CD의 「보름달」 e-티칭 동시를 작동시켜 관찰하면 쉽게 이해된다.

이렇게 제작된 e-티칭 동시는 낭송이 나오면 내용에 맞게 등장인물 및 캐릭터가 등장하고 상황에 맞는 그림, 여러 가지 사진이 등장하였다가 사라지기에 자연스럽게 동시가 기-승-전-결의 흐름으로 마무리 지을 수 있다. 효과음 및 배경음악의 시작으로 유아들의 감성을 자극하고 자연스럽게 흥미를 이끌 수 있으며 동시 낭송에 맞춰 캐릭터와 그림 및 사진이 등장하여 시청각적 다양한 자료를 활용하였기에 유아의 집중력을 높일 수 있다.

e-티칭 동시는 교사가 동시를 읽어주고 유아가 따라 읽는 전통적인 교수방법에서 벗어나 다양한 배경화면과 음악을 사용한 최첨단 동시이기에 장기 기억에도 큰 도움을 준다. 또한 정서적인 감흥도가 높으며 유아가 민감하게 반응하기에 충분하다.

e-티칭 동시 제작시 중점을 두어야 할 점은 '유아들의 마음을 끌 수 있는가?' 라는 것이다. 눈과 귀, 그리고 마음을 자극하여 감동을 선사할 수 있는 동시가 바로 e-티칭 동시이다. 이러한 e-티칭 동시를 제작하기 위해서는 각 동시의 분위기를 살린 음성녹음과 그에 알맞은 배경음악, 그리고 생동감 있는 화면구성을 고려해야 한다. 음성녹음을 할 때에는 동시의 분위기를 잘 살린 목소리 톤으로 낭송하여야 하며 정확한 발음과 적당한 낭송속도가 요구된다. 동시 배경음악은 동시 글의 내용과 잘 어울리는 것을 선택하여야 더욱 효과적으로 유아들에게 동시의 느낌과 의미를 전달 할 수 있다.

동시 배경화면은 동시의 내용과 연관되는 것을 선택하여 기본 배경화면으로 구성하고 동시의 기-승-전-결에 따라서 생동감있는 애니메이션을 제작하여야 한다. 단순한 그림이나 사진이 아닌 마치 만화영화를 보는 듯한 애니메이션 구성으로 제작하면 유아들의 관심과 흥미를 이끌어 낼 수 있을 뿐 아니라 집중할 수 있도록 하여 동시에 대한 이해력을 더욱 높일 수 있다.

또한 동시 배경화면은 유아들의 감성을 자극 할 수 있도록 심미적으로 아름다워야 하며 유아들로 하여금 계속해서 동시를 보고 싶은 마음이 생기도록 하는 감각적인 색채 배열을 고려하여 구성 및 제작하여야 한다. e-티칭 동시는 교사의 특별한 발문이 필요 없을 정도로 유아들의 감성을 자극하고 스며들어 자신의 생각이나 느낌을 자유롭게 표현하는 효과가 나타날 수 있어야 한다.

e-티칭 동시의 최대 장점은 최첨단 IT기술을 활용하였기 때문에 다양한 방법으로 e-티칭 동시를 활용할 수 있다는 것이다. 동시를 감상하고 낭송하는 교육활동 이외에도 컴퓨터 화면에서 바로 동시 글이나 배경화면, 낭송 및 녹음 등의 수정이 가능하기 때문에 개작하기, 유아가 원하는 배경이나 애니매이션 효과 삽입하기, 아이들의 목소리로 음성녹음 하기 등의 다양한 e-티칭 동시 수업을 할 수 있다. 이러한 과정까지 e-티칭 동시 수업을 한다면 유아들이 하나의 동시를 자신의 것으로 만드는 성취감을 얻을 수 있으며 장기적으로도 동시를 일상생활에서 즐길 수 있는 기쁨을 누릴 수 있을 것이다.

3) e-티칭 동시의 장점

① 동시 배경화면의 색채가 아름다울 뿐 아니라 동시 글과 그림이 조화를 이루어 유아가 민감하게 반응하며 정서능력에 긍정적인 효과를 준다. 또한 유아와 교사의 미적 색채감각의 발달에도 도움이 된다

② 동시 제목 및 글의 내용에 적합한 이미지의 배경화면을 구성하여 유아가 동시감상을 하면 교사가 직접 동시내용을 설명하지 않아도 유아들이 저절로 동시 내용의 의미를 이해한다.

③ 동시마다 동시의 제목과 내용, 이미지에 어울리는 적합한 음성을 가진 자를 선정하여 여러 명의 목소리로 녹음하여 유아들이 지루해 하지않고 즐겁게 동시낭송을 즐겨하고 청각적인 변별력 향상에도 도움이 된다.

④ 동시낭송의 속도 등이 유아의 생각 속도에 맞을 뿐 아니라 동시낭송 소리의 적절한 높낮이 조절과 리듬감으로 동시낭송이 지루하지않고 생생하게 전달된다.

⑤ 동시내용과 동시낭송, 배경화면 속의 주인공 캐릭터가 조화롭게 연결되어 동시를 귀로 듣는 즐거움 뿐만 아니라 주인공 캐릭터의 잔잔한 작은 움직 임을 자세하게 관찰하고 음미하는 눈으로 보는 즐거움을 느낄 수 있다.

⑥ 각각의 e-티칭 동시마다 이미지와 분위기에 어울리는 배경음악을 삽입하여 동시감상, 그림이미지 감상, 음악감상이 동시에 이루어지는 신기하고 재미있는 경험을 가질 수 있다.

⑦ 교사나 유아의 한번 클릭으로 동시낭송, 동시 글, 동시 배경화면, 동시 배경음악이 시작부

터 끝날 때까지 자동으로 진행되어 누구든지 동시감상, 동시낭송, 동시짓기 활동에 손쉽게 활용할 수 있다.

⑧ 동시낭송을 교수활동으로 유아와 교사가 행 혹은 연을 번갈아 가면서 반복 낭송을 하고 싶을 때는 동시 글의 행과 연에 마우스의 오른쪽 버튼을 눌러 파워 포인트 프로그램에 있는 기능을 활용하면 교사가 낭송할 부분은 노란색, 유아가 낭송할 부분은 빨간색 혹은 다른색으로 표시하여 반복 동시낭송 수업을 효과적으로 이끌 수 있다.

⑨ 동시 개작하기 수업에서 교사는 내용의 의미가 변할 수 있는 일정한 문장을 선정하거나 유아들에게 어느 부분을 바꾸면 좋겠냐고 질문해서 동시 글의 일정한 부분만을 새로 지어 보는 동시 개작하기 수업을 유도할 수 있다. 유아가 개작을 하면 교사는 그 즉시 컴퓨터 자판 키보드로 개작한 내용을 글자로 입력해서 TV 모니터나 스크린에 보여줌으로써 유아들에게 자신이 동시를 지었다는 것을 눈으로 확인시켜 줄 뿐 아니라 성취감을 배로 느끼게 할 수 있다. 또한 컴퓨터의 키보드로 개작한 동시 글을 글자로 입력할 때, 글자 크기를 더 크게 색깔을 넣어서 표시함으로써 새로 지은 동시 글이 눈에 띄게 드러나도록 하므로써 유아들에게 동시를 개작하고픈 내재적인 동기유발을 촉진할 수 있다.

⑩ 컴퓨터의 곰플레이어 프로그램을 활용하거나 헤드셋을 활용하여 유아 전체 혹은 개별적으로 동시 읊은 것을 녹음하여 바로 즉석에서 유아들에게 들려줌으로써 유아들이 자신의 동시낭송에 대한 관심과 진지한 태도를 형성할 수 있다.

⑪ 유아와 교사 모두에게 호기심과 흥미를 유발하고 감성적 자극을 주어 저절로 몰입되어 다시 한 번 동시를 감상하고픈 마음이 일어날 뿐 아니라 자연스럽게 입으로 되뇌이면서 반복하고 읊게 되는 고감도, 고효율성 동시감상이 이루어질 수 있다.

⑫ 유아들이 동시감상 후, 교사가 질문하지 않아도 스스로 동시감상 느낌을 말하고 표현한다.

⑬ 동시낭송을 일부러 반복하여 읊지 않아도 여러번 동시감상을 하면서 저절로 동시를 암송할 수 있을 뿐 아니라 동시가 저절로 귀에 익숙하게 되어 빠른 속도로 자연스럽게 동시를 암송한다.

⑭ 교사가 동시 감상 및 낭송 수업시간에 필요에 따라 e-티칭 동시를 파워 포인트 프로그램에 있는 기능을 활용하여 언제든 일시정지를 하거나 다시 계속 이어서 다음 행의 동시감상 및 낭송 수업을 진행할 수 있어서 매우 편리하다. 또한 교사의 동시수업 교수활동에 있어서 융통성과 변화를 줄 수 있어서 매우 탄력적인 수업이 가능하다.

⑮ e-티칭 동시수업으로 동시 외에 배경음악, 작곡가, 동시작가 등에 대해서도 총체적으로 폭넓게 다룰 수 있다.

⑯ 유아가 지은 동시를 가지고 유아들과 함께 의견을 수렴하여 배경화면, 배경음악, 동시낭송을 직접 하게해서 새로운 e-티칭 동시를 만들 수 있다. 이러한 활동은 유아로 하여금 감성과 창의성, 미적 감각, 내용과 이미지를 의미있게 연결하는 통합적인 사고력 등을 향상시키는데 도움이 된다.

⑰ 유아들이 지은 동시를 e-티칭 동시로 제작하여 큰 스크린에 전사하여 e-티칭 동시를 감상하는 시간을 갖을 수 있다. 또한 CD에 구워 유아에게 전달 하므로써 유아들에게 성취감과 만족감을 줄 수 있다.

⑱ 기존의 동시수업의 단점인 교사가 들려주는 동시낭송의 밋밋함과 딱딱함, 단순함을 e-티칭 동시는 풍부한 감성과 심미적 감각, 창의성을 자극하여 유아 스스로 동시에 몰입하게 하여 능동적인 학습자로 변하게 만든다.

⑲ 교사가 동시를 직접 읊지않아도 반복적인 e-티칭 동시 감상을 통해 유아들은 자연스럽게 동시를 낭송하고 암송하게 될 뿐 아니라 동시를 일상생활에서 읊고 즐겨하는 태도를 형성할 수 있다.

⑳ 유아로 하여금 또 보고 싶고 또 듣고 싶은 동시로서의 강한 자극과 여운을 남기는 고감도, 고효율성의 심도 높은 정서교육 효과를 가져온다. 즉 정서적인 힐링 효과까지도 유발하는 동시교육에 적합한 교수매체로서의 기존의 어떤 동시 교수매체도 도달할 수 없는 매우 수준 높은 동시교육 효과를 가져올 수 있다.

3. e-티칭 동시(CD)의 동시수업 현장적용

개발한 18개의 e-티칭 동시를 유치원 현장에서의 활용 적합성 정도를 알아보기 위해 직접 유치원 현장을 방문해서 유아와 교사 및 학부모를 대상으로 반응이 어떻게 나타나는지 e-티칭 동시를 감상할 수 있는 기회를 제공하였다. 현장적용 유치원은 광주시에 위치한 S초등학교 병설 유치원으로 만 5세 14명, 만 4세 21명, 만 3세 9명을 대상으로 동시감상에 대한 설문조사를 실시하였다. 설문조사는 5점 평정척도로 작성하여 예비유아교사가 유아에게 질문하여 반응을 체크하거나 의견을 물어보는 방식으로 진행하였다. 유아를 대상으로 한 설문지 양식은 표 1과 같다.

그리고 교사 8명, 학부모 3명에게도 e-티칭 동시감상 기회를 주고 의견 및 반응을 조사하였다. 교사와 학부모를 대상으로 한 설문지는 유아와는 약간 다르게 구성 하였으나 교사와 학부모 양자에게는 동일한 설문지를 배부하여 체크하는 방식으로 진행되었다. 설문지는 5점 평정척도 및 5가지 주관식 질문에 의견을 기술하도록 된 설문지를 배부하였다. 교사와 학부모를 대상으로 한 설문지는 표 2와 같다.

〈표 1. e-티칭 동시에 대한 유아대상 설문지〉

e-티칭 동시 만족도 평가(유아)

• 평가 대상 : 나이(　　　세) • 성별(남, 여) • 이름(　　　　　　　　)
• 평 가 일 :　　　년　　　월　　　일
• 평 가 자 : (　　　　　　　　　　)

※ 해당번호에 ✔로 표시

순번	질문 내용	평가 결과				
		매우 그렇다	그렇다	보통이다	아니다	전혀 아니다
1	동시를 감상하면서 동시에 몰입하는가?	5	4	3	2	1
2	유아가 동시에서 한시도 시선을 떼지 않는가?	5	4	3	2	1
3	동시에 등장하는 그림, 캐릭터, 애니메이션에 흥미를 느끼는가?	5	4	3	2	1
4	동시를 감상하는 동안 유아는 재미있어 하는가?	5	4	3	2	1
5	동시를 감상한 후 느낌을 정확하게 표현할 수 있는가?	5	4	3	2	1
6	동시의 배경화면에 만족하는가?	5	4	3	2	1
7	동시의 낭송속도, 음성에 만족하는가?	5	4	3	2	1
8	동시의 음향효과에 만족하는가?	5	4	3	2	1
9	유아가 동시 감상 후 동시 낭송을 쉽게 따라하는가?	5	4	3	2	1
10	동시를 다시 듣거나 보고 싶어 하는가?	5	4	3	2	1
11	유아가 동시의 내용과 의미를 이해하는가?	5	4	3	2	1
합 계						
		총점		평균		

[동시 감상 후 유아의 반응]

1. e-티칭 동시 18개 중 가장 선호하는 것은?　　　(　　　　　　　　　　　　)
   1-1. 동시를 선호하는 이유는 무엇인가?　　　(　　　　　　　　　　　　)

〈표 2. e-티칭 동시에 대한 교사 · 학부모 대상 설문지〉

e-티칭 동시 만족도 평가(교사 및 학부모)

- 평가 대상 : 나이(　　　세) • 성별(남, 여) • 이름(　　　　　　　　)
- 평 가 일 : 　　　년 　　　월 　　　일
- 평 가 자 : (　　　　　　　　　　　)

※ 해당번호에 √로 표시

순번	질문 내용	평가 결과				
		매우 그렇다	그렇다	보통이다	아니다	전혀 아니다
1	동시 감상에 자연스럽게 몰입되는가?	5	4	3	2	1
2	동시의 내용은 유아의 이해수준에 적합한가?	5	4	3	2	1
3	동시에 등장하는 그림, 캐릭터, 애니메이션이 동시에 적합한가?	5	4	3	2	1
4	유아들이 동시에 등장하는 그림, 캐릭터, 애니메이션에 흥미를 느낄 것이라고 생각하는가?	5	4	3	2	1
5	e-티칭 동시는 유아에게 교수학습매체로써 효과가 클 것이라고 생각하는가?	5	4	3	2	1
6	동시의 낭송속도, 음성에 만족하는가?	5	4	3	2	1
7	동시의 음향효과에 만족하는가?	5	4	3	2	1
8	동시는 도입-전개-마무리로 잘 구성이 되어 있는가?	5	4	3	2	1
9	동시를 보며 상상력을 기를 수 있는가?	5	4	3	2	1
10	동시를 보고 감성적으로 자극이 되었는가?	5	4	3	2	1
11	e-티칭 동시를 동시 수업에 활용하고 싶은가?	5	4	3	2	1
12	e-티칭 동시의 만족도는 어느 정도인가?	5	4	3	2	1
13	유아들에게 동시 감상 및 동시 낭송 수업을 하는데 있어서 e-티칭 동시를 활용하는 것이 동시 그림판을 활용하는 것 보다 효과적이라고 생각하는가?	5	4	3	2	1
합 계						
		총점		평균		

- 질문 1) e-티칭 동시를 감상한 선생님의 느낌을 기술해 주십시오.

- 질문 2) e-티칭 동시의 교육적 가치 및 장점은 무엇이라고 생각하십니까?

- 질문 3) 유아들에게 e-티칭 동시를 수업에 활용할 경우, e-티칭 동시의 수정 및 보완점이 있다면 기술해 주십시오.

- 질문 4) e-티칭 동시 18개 중에서 선생님이 가장 선호하는 동시를 우선 순위로 5개 선정해 주십시오.

①
②
③
④
⑤

- 질문 5) 질문 3에서 1~5까지 답한 e-티칭 동시를 선호하는 이유를 각각 기술해 주십시오.

선호동시 우선순위	동시 제목	선호하는 이유
1		
2		
3		
4		
5		

1) e-티칭 동시와 유아

① 만 5세 유아의 e-티칭 동시에 대한 만족도 · 선호 · 반응

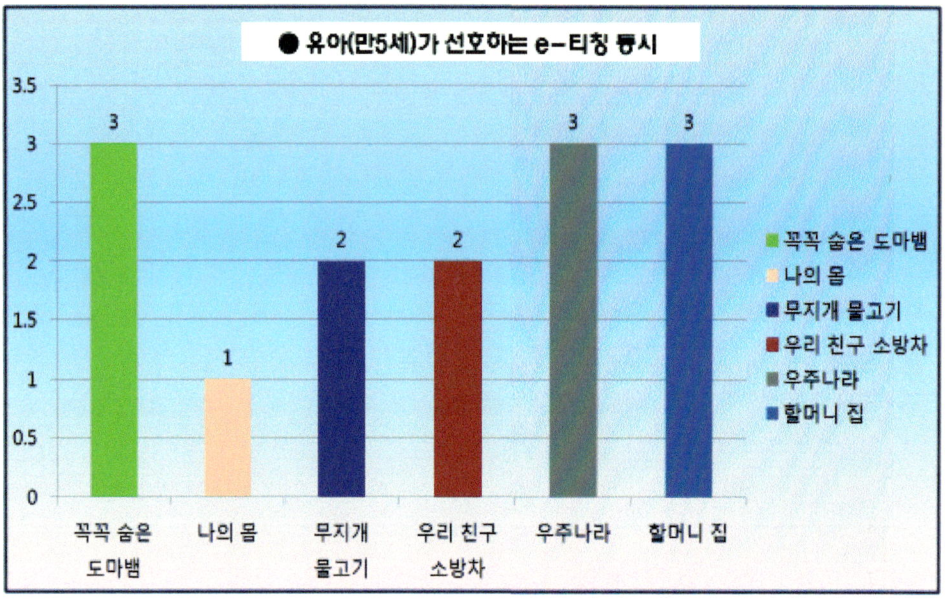

만 5세 유아들 대부분이 e-티칭 동시 감상 후, 만족도 조사에서 5점 만점에 4.8에 해당하는 높은 만족도를 나타냈다. 그리고 18개의 e-티칭 동시 모두에 호응을 나타냈다. 그리고 그 중에서 가장 선호하는 e-티칭 동시 1개를 선택하도록 요구했을 때는 위의 표 3과 같은 반응을 나타냈다. 즉, 표 3을 살펴보면 만 5세 유아들이 선호하는 e-티칭 동시는 「꼭꼭 숨은 도마뱀」, 「우주나라」, 「할머니 집」을 각각 3명씩 선호하였고 다음에는 「무지개 물고기」, 「우리 친구 소방차」를 각각 2명씩 선호하였다. 그리고 「나의 몸」은 유아 1명이 큰 관심을 보였다.

그리고 유아들은 각각 선호하는 동시에 대해 다음과 같은 반응을 보였다. 「꼭꼭 숨은 도마뱀」의 경우, 도마뱀이 나뭇잎, 나무 뒤, 바위 밑에 숨는 과정을 보면서 어디에 숨었는지 알아맞히면서 흥미를 느꼈다고 하였으며 마당 위에 있는 도마뱀을 몸으로 표현해 보기도 하였다. 그리고 평소에 동시를 즐겨하는 한 유아는 동시 그림책보다 e-티칭 동시로 보고 듣는 것이 더 좋다는 반응을 보였다. 「나의 몸」은 자신들에게 필요한 눈, 코, 입 등이 전부 동시에 등장해서 좋은 동시, 고마운 동시라고 말하였으며, 「무지개 물고기」의 경우 어렸을 때 읽었던 무지개 물고기 동화가 기억난다며 흥미를 가졌다.

「우리 친구 소방차」는 유치원 앞에 있는 서부소방서에 세워진 소방차와 비슷하게 생겨서 더욱 흥미를 가졌고 꼭 멋진 소방관이 되고 싶다고 말하였으며 자연스럽게 소방관 아저씨에 대한 고마움을 나타냈다. 「우주나라」는 정말 우주나라에 가서 행성들을 본 것 같다고 하였다. 이는 유아들이 배우고 직접 알고 있는 행성들이 등장하여 교육적 효과가 더욱 높았던 것으로 분석된다. 또한 현실에서는 외계인을 볼 수 없는데 동시에서는 외계인이 등장하여 친구들이 직접 볼 수 있어서 기분이 좋다는 반응을 보였다. 마지막으로 「할머니 집」의 동시는 닭과 병아리 그리고 소가 나왔다가 들어가는 장면이 특히 인상 깊었다고 하였다.

② 만 4세 유아의 e-티칭 동시에 대한 만족도 · 선호 · 반응

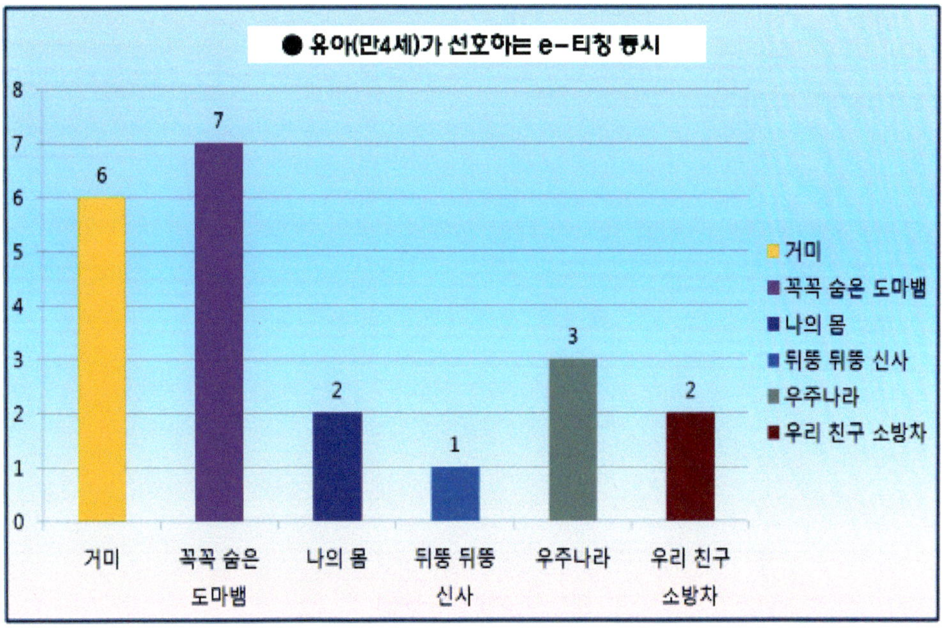

만 4세 유아를 대상으로 e-티칭 동시감상 후, 유아의 만족도를 조사한 결과 5점 만점에 4.8이라는 높은 만족도를 나타냈다. 그리고 감상한 18개의 e-티칭 동시 모두에 만족하였다. 그리고 그 중에서 가장 선호하는 동시를 선택하라고 했을 때, 유아 7명이 「꼭꼭 숨은 도마뱀」, 유아 6명이 「거미」, 유아 3명이 「우주나라」, 유아 2명씩 각각 「나의 몸」, 「우리 친구 소방차」를 꼽았으며 유아 1명이 「뒤뚱뒤뚱 신사」를 좋아하였다.

그리고 유아들이 각각 선호하는 e-티칭 동시에 대한 반응을 살펴보면 다음과 같다. 「꼭꼭 숨은 도마뱀」은 도마뱀이 숨는 것을 보면서 숨바꼭질 하는 것 같아서 흥미를 느꼈다고 하였으며 또 보고 싶다고 하였다. 또한 도마뱀이 바위 밑에 숨었을 때 바위가 흔들리는 모습이 인상 깊다고 하였다. 「거미」는 거미가 내려왔다 올라갔다 움직이는 것과 거미가 먹이를 먹는 것이 즐거웠다고 하였다. 또한 다른 동시를 감상하면서도 「거미」 동시를 다시 감상하고 싶다는 반응을 보였다. 유아들은 "털북숭이 거미" 라는 동시의 마지막 구절을 계속 따라 하기도 하였으며 위로 올라갔다 내려왔다 하면서 작아졌다 커졌다 하는 거미를 몸으로 표현하는 등 「거미」 동시에 큰 흥미를 느꼈다. 「우주나라」는 이야기나누기 시간에 배운 행성들이 등장해서 유아들은 행성들을 보면서 직접 행성의 이름을 알아 맞히기도 하였다. 즉 「우주나라」 동시와 이야기나누기 시간에 배운 우주에 관한 지식을 자연스럽게 연결하는 반응을 보였다. 그리고 「우리 친구 소방차」는 유아가 좋아하는 음악이 배경음악으로 나와서 좋다고 하였다. 「나의 몸」은 며칠 전에 읽은 몸과 관련된 동화책 내용과 비슷한 점이 많아서 좋다고 하였다. 「뒤뚱뒤뚱 신사」는 동시 제목 글자가 재미있게 움직여서 좋고 배경화면이 멋지다고 하였다.

③ 만 3세 유아의 e-티칭 동시에 대한 만족도 · 선호 · 반응

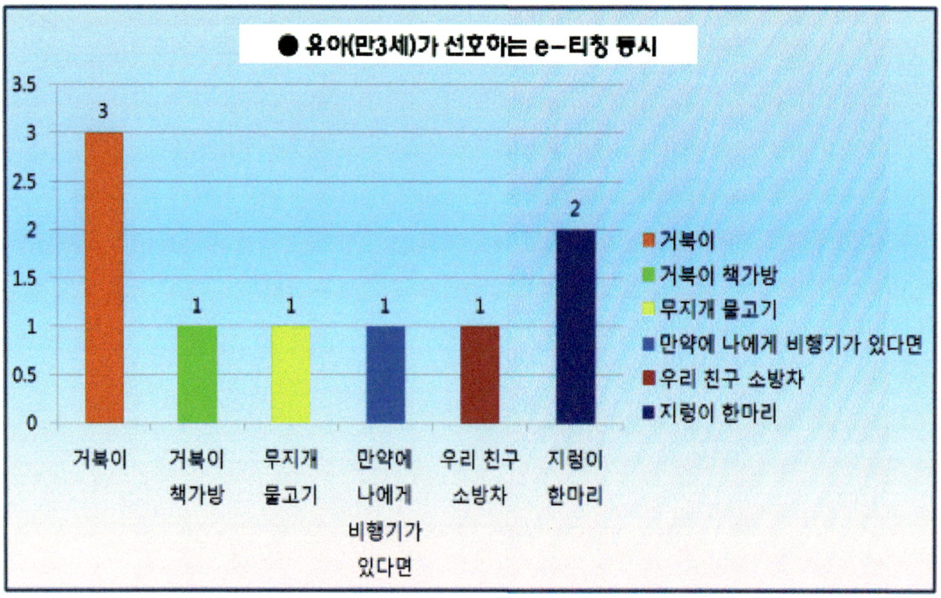

만 3세 유아를 대상으로 e-티칭 동시감상 후, 유아의 만족도를 조사한 결과 5점 만점에 4.6으로 높은 만족도를 나타냈다. 그리고 감상한 18개의 e-티칭 동시 중에서 가장 선호하는 동시로는 유아 3명이 「거북이」, 유아 2명이 「지렁이 한 마리」, 각각 1명씩이 「거북이 책가방」, 「무지개 물고기」, 「만약에 나에게 비행기가 있다면」, 「우리 친구 소방차」등으로 나타났다.

유아들은 「거북이 책가방」에서 효과음악을 듣고 흥미를 느꼈으며 자신들이 좋아하는 음식이 등장하자 큰 관심을 보였다. 특히 「거북이」 e-티칭 동시는 동시 글과 그림의 연계가 잘 되어 있어 동화책을 보는 것 보다 더 즐겁다고 하였다. 또한 「우리 친구 소방차」 동시는 배경음악이 '반짝반짝 작은 별'로 유아들이 잘 아는 동요곡이어서 노래를 하면서 동시를 감상할 수 있어서 즐겁다고 하였다. 「지렁이 한 마리」는 도입-전개-마무리가 뚜렷한 내용이어서 유아들이 마지막에 눈을 감고 들어가는 지렁이가 잠을 자러 가는 것 같다는 등의 이야기를 꾸며 보는 등 많은 관심을 가졌다. e-티칭 동시 감상 후, 동시에 대한 유아 만 3세부터 만 5세까지의 만족도, 선호, 반응에 대한 공통점 및 차이점을 종합하면 다음과 같다.

첫째, 18편의 e-티칭 동시를 모두 좋아하고 민감한 반응을 보이며 만족도가 높게 나타났다. 다만 굳이 가장 선호하는 e-티칭 동시를 선택하라고 했을 때 유아들은 「꼭꼭 숨은 도마뱀」, 「우주나라」, 「거미」, 「우리 친구 소방차」, 「거북이」, 「나의 몸」, 「할머니 집」을 골랐다.

둘째, 유아들은 e-티칭 동시를 들으면서 교사가 질문하거나 시키지 않아도 스스로 동시 감상에 대한 느낌을 언어로 표현하거나 손이나 신체로 자연스럽게 표현하거나 몸동작으로 연결하는 반응을 보였다.

셋째, 유아들은 e-티칭 동시가 자신의 경험 및 읽은 동화책, 유치원에서 학습한 내용이면 친숙감을 느끼고 빠른 공감대를 형성하였다.

넷째, 유아들은 e-티칭 동시 18편에 따라 각각 관심과 민감성, 반응이 다양하고 다르게 나타나는 현상을 보였다. 어떤 유아는 배경화면에 민감하게 반응한 반면 다른 유아는 배경음악에 관심을 가졌고 또 다른 유아는 동시에 나오는 캐릭터, 혹은 동시낭송의 한 행에 관심을 갖는 등 매우 다양한 반응과 표현이 풍부하게 나타나는 경향을 보였다.

다섯째, 만 3세, 4세, 5세 유아들의 e-티칭 동시에 대한 선호 및 만족도를 살펴보면

각 연령 간에 구별되는 선호 동시가 있음을 발견할 수 있다. 특히 만 5세와 만 4세의 동시 선호 및 반응은 비슷한데 비해 만 4~5세와 만 3세 간에 e-티칭 동시에 대한 관심의 성향은 확연히 다르게 나타났다. 예를 들면 만 3세가 가장 선호하는 동시로 「거미」, 「지렁이 한 마리」「거북이 책가방」은 만 4, 5세 유아들이 전혀 선택하지 않은 동시이다. 반면에 만 4, 5세 유아의 선호 동시에는 「꼭꼭 숨은 도마뱀」, 「우주나라」, 「나의 몸」등이 공통으로 선택 되었다. 만 3세부터 만 5세까지 유아가 공통으로 선택한 유일한 동시는 「우리 친구 소방차」이고, 만 4세 유아에게만 유독 인기가 높은 동시는 「거미」였다. 그리고 만 5세 유아만 선택한 동시는 「할머니 집」이었다.

여섯째, 만 3세와 4세, 5세 유아들은 각각 공감하는 동시 경향이 다름을 발견할 수 있었다. 즉 만 3세 유아는 자신이 직접 읽은 동화책이나 「지렁이」 동시 처럼 스토리가 있고 마치 동화같은 이미지가 있는 동시라든가 대체적으로 동물과 관련된 제목의 동시를 좋아하였다. 반면에 만 4세 유아는 동화와 관련된 내용의 동시보다는 경험한 적이 없는 새로운 경험이나 내용, 사물이 등장하는 동시를 더 좋아하는 경향을 보였다. 예를 들면 「거미」 동시는 좋은 예이다. 거미가 먹이를 잡아 먹는 모습이라든지, 거미줄을 타고 위로 올라갔다 내려왔다 하면서 점점 코지거나 작아지는 장면은 만 4세 유아들에게 매우 희귀하고 신기한 경험으로 다가왔던 것이다. 이러한 결과는 만 4세 유아들의 주변에서 쉽게 찰되는 새로운 것에 대한 호기심이 매우 왕성한 시기이기 때문인 것으로 분석된다.

만 5세 유아들은 동시 제목이나 내용이 자신과 관련된 공감대를 형성할 수 있는 친숙하고 의미있는 연결이 있느냐 없느냐를 기준으로 동시에 대한 선택 및 공감을 하는 것으로 보인다. 예를 들면 「나의 몸」은 자신들에게 필요한 눈, 코, 입 등이 등장해서 고마운 동시라고 하였으며, 「우리 친구 소방차」는 서부 소방서에 있는 불자동차와 비슷하게 생겨서 관심이 생겼고 멋진 소방관이 되고 싶고 소방관이 고맙다고 하였다. 「우주나라 」는 외계인을 볼 수 없는데 외계인이 등장하여 친구들을 만나줘서 기분이 좋다는 반응을 보였다. 즉 만 5세 유아는 점점 현실적이 되어가고 있으며 자신과 사물과의 관계를 중시하는 인지발달 성향을 보이는 것을 알 수 있다. 자신만의 세계에서 점점 다른 세계로 관심이 넓어지는 탈중심화 과정이 나타나고 있는 것으로 분석된다.

2) e-티칭 동시와 교사

① 교사의 e-티칭 동시에 대한 만족도 · 선호 · 반응

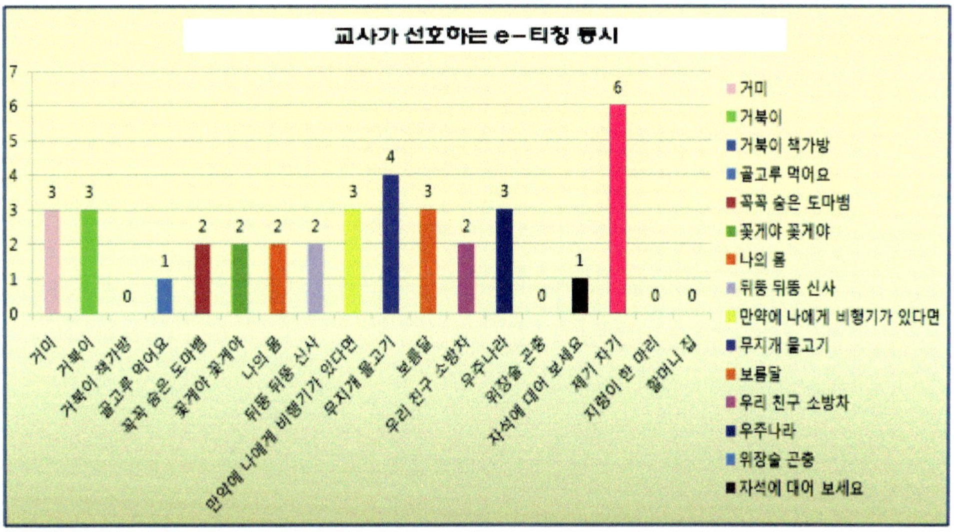

유치원 교사를 대상으로 e-티칭 동시감상 후, 교사의 만족도를 조사한 결과 5점 만점에 4.9로 높은 만족도를 나타냈다. 그리고 교사들이 가장 선호하는 동시는 6명이 「제기차기」, 4명이 「무지개 물고기」, 각각 3명이 「거미」, 「거북이」, 「보름달」, 「우주나라」를 선호하였다.

교사들의 반응을 살펴보면 「제기차기」 동시는 배경음악이 동시에 잘 어울렸기 때문에 좋았을 뿐 아니라 그림과 캐릭터가 많이 등장하지 않아도 배경과 제기를 차는 아이 그리고 까치가 동시에 잘 어울려 좋은 동시, 배경화면을 이루어서 크게 만족한다는 반응을 보였다. 그 뿐만 아니라 e-티칭 동시 18개 중 모든 것이 훌륭하였기에 순위를 정하기 어려웠으며 모든 동시가 유아의 연령, 발달 수준, 음향효과, 음성 녹음, 배경, 캐릭터 등이 모두 잘 어우러져 조화를 이루기 때문에 수업에 적용하기에 아주 적합한 교육자료라는 반응을 보였다.

또한 e-티칭 동시를 가지고 동시수업을 한다면 유아들이 매우 좋아할 것 같다고 하였다. 유아들이 동시에 집중할 뿐만 아니라 배경음악까지도 관심을 갖는 것 같다고 하였다. 그리고 융판에 동시 그림자료를 보여 주고 동시수업 하는 것보다 e-티칭 동시로 동시수업을 하는 것이 훨씬 효율적이라는 반응을 보였다. 즉 e-티칭 동시가 동시수업 교수매체로서 무엇보다도 교사가 동시수업을 쉽게 접근하여 다양한 방법으로 융통성있게 효과적으로 할 수 있도록 만들어진 것이 좋다고 하였다. 또한 각각의 동시들마다 다른 특성 및 효과가 있어 유아들에게 상상력을 자극하는 것 같다고 하였다.

덧붙여 동시가 좀 더 길면 유아들의 주의 집중 시간이 더 길어 질 것 같아 좋을 것 같다고 하였으며 도입 자료를 만들거나 추후 활동이 연계가 잘 이루어진다면 좀 더 좋은 동시 교육활동이 될 수 있을 것 같다고 하였다. 또한 바쁜 교사들이 만들기에는 어려운 e-티칭 동시 자료지만 완성된 e-티칭 동시 CD를 손쉽게 사용할 수 있고 유아들도 큰 관심을 갖고 흥미를 느끼므로 e-티칭 동시는 교사와 유아들 모두에게 좋은 교육자료로 활용될 수 있는 큰 장점을 지녔다는 반응을 보였다.

종합하면 대부분의 유아와 교사들은 e-티칭 동시를 유치원의 동시수업에 활용할 만한 교육적 가치가 높다는 매우 긍정적인 평가를 하였음을 알 수 있다. 즉 e-티칭 동시의 현장적용 검증은 유아교육 현장의 동시수업의 질적인 향상과 교육효과를 향상시키는데 충분히 활용할 만한 교육적 가치가 있는 적합한 동시수업을 위한 유아교수매체라는 것을 확인시켜 주었다.

3) e-티칭 동시와 학부모

① 학부모의 e-티칭 동시에 대한 만족도 · 선호 · 반응

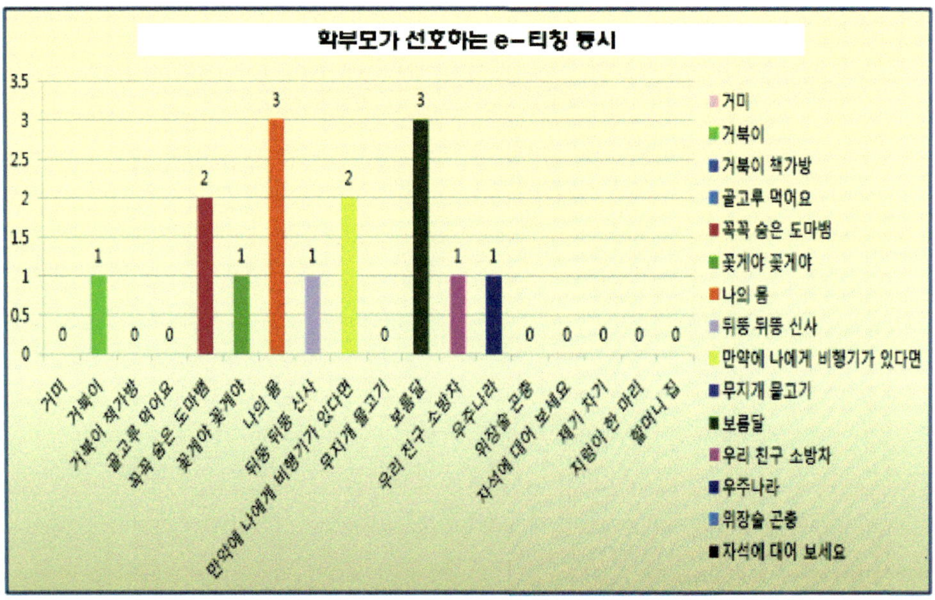

유치원 학부모를 대상으로 e-티칭 동시감상 후, 학부모의 만족도를 조사한 결과 5점 만점에 5점으로 매우 높은 만족도를 나타냈다. 그리고 학부모들이 가장 선호하는 동시는 「보름달」, 「나의 몸」, 「꼭꼭 숨은 도마뱀」, 「만약에 나에게 비행기가 있다면」 등 이었다.

「보름달」은 유아들의 정서를 자극할 뿐 아니라 학부모님들도 부드럽고 따뜻한 느낌을 받는다는 반응을 보였다. 특히 「보름달」 동시는 다른 동시들에 비해 비교적 캐릭터나 그림들이 많이 나오지 않았음에도 불구하고 별과 달만 있어서 오히려 유아들이 동시에 맞게 상황을 상상할 수 있어서 좋다는 반응을 보였다. 「나의 몸」은 몸의 명칭을 잘 알 수 있게 그림이 차례로 나오고 단순한 비눗방울이지만 환상적인 분위기를 자아낸다는 점에서 보기 드문 신선한 자료라는 반응을 보였다.

그리고 e-티칭 동시는 18개 모두 순위를 정할 수 없을 만큼 가치있는 교육자료이며 태교에도 좋은 자료라고 생각하였다. 태교는 주로 귀로는 좋은 음악을 듣고 눈으로는 책을 보는 것이 보편적인데 비해 e-티칭 동시는 눈과 귀 양자를 통한 시청각적 감각을 한꺼번에 활용하여 귀로는 동시 낭송, 배경음악을 들으면서 눈으로는 배경화면의 매력적인 캐릭터의 움직임, 색채의 아름다움 등 풍부한 감성적인 자극을 통해 동시를 감상할 수 있어서 좋다고 하였다. 또한 유아들 뿐만 아니라 어른들에게도 e-티칭 동시는 정서적 심리적인 힐링효과도 가져다 준다고 하였다.

지금까지 유아, 교사, 학부모에게 e-티칭 동시를 감상한 후의 느낌 및 반응, 만족도에 대한 조사결과를 토대로 분석 및 정리하여 보았다. 이와 같이 e-티칭 동시는 유아에게 매우 적합하고 유치원 현장에서 동시 수업에 효율적으로 활용할 수 있는 것으로 검증되었다. 즉 e-티칭 동시는 동시감상이나 동시낭송 등의 동시수업에 교육적인 활용 가치가 매우 크다고 할 수 있다. 또한 동시수업 외에 유아들이 상상력 및 창의력, 음악에 대한 관심, 배경화면을 통한 색채 및 심미적인 감각의 발달, 자신의 생각과 동시를 연결지은 언어 및 신체표현 등 유아들의 사고를 촉진하고 확장시켜 주는 다양한 시너지 교육효과를 주는 것으로 파악되었다.

4. e-티칭 동시 18편의 교육적인 활용

1) e-티칭 동시 18편의 제목 · 글 · 그림

이 장에서는 e-티칭 동시 18편의 제목과 글, 그림을 제시하고자한다. 그리고 e-티칭 동시 18편을 교육적으로 활용하기 위해 필요한 기초적인 정보를 제공하고자 한다. e-티칭 동시를 유치원의 동시수업에서 다양한 유형의 동시교육활동으로 전개하기 위해서는

e-티칭 동시 18편과 관련된 기초적인 정보를 이해하고 있어야 한다. 따라서 이장에서는 e-티칭 동시 18편의 개발자, 재생시간, 배경음악 및 작곡가, 동시작가 등에 동시작가 등에 대한 정보도 제공하고자 한다. 또한 18편의 동시와 5세 누리과정의 생활주제와 관련성있는 것끼리 연결하여 제시하고자 한다. 이는 e-티칭 동시를 유아교육 현장에서 동시수업에 활용 및 적용하는데 도움이 될 것이다. 우선 e-티칭 동시 18편의 제목과 글, 그림을 제시하면 표 3과 같다.

〈표 3. e-티칭 동시 18편의 제목 · 글 · 그림〉

1

2

3

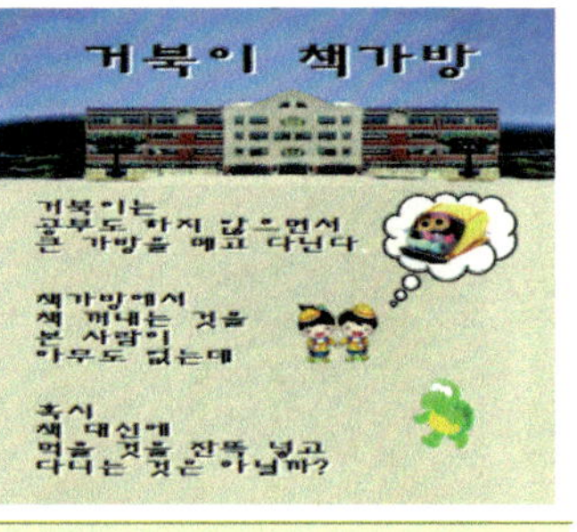

4

5

6

7

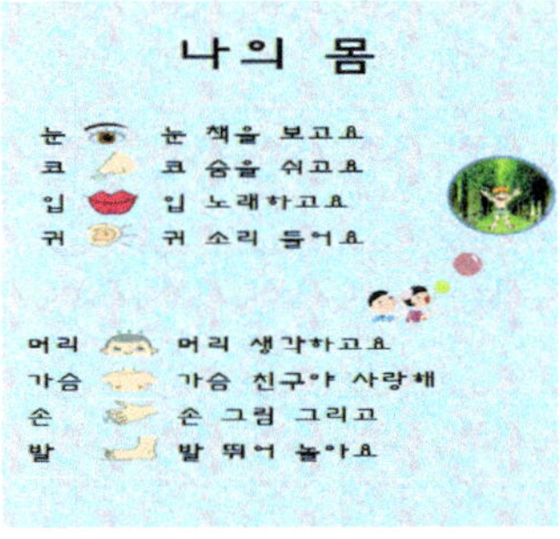

8

9

10

11

12

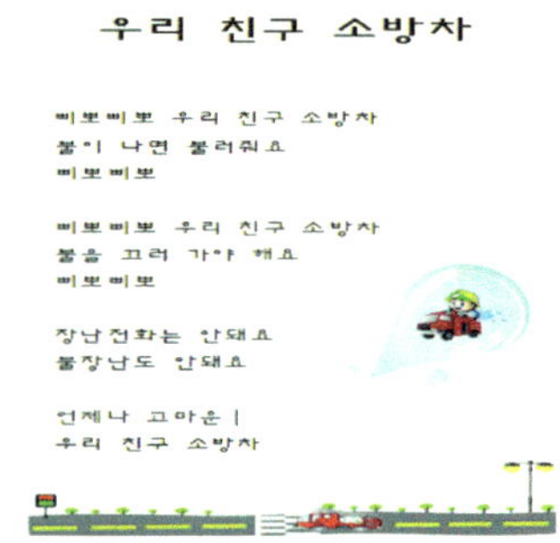

13

14

15

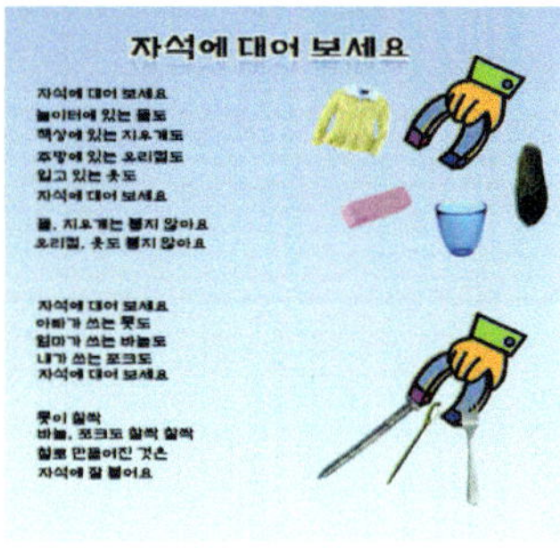

16

17

18

2) e-티칭 동시 18편의 기초정보

e-티칭 동시 제목 및 개발자	재생 시간	배경음악 및 작곡가	동시 작가	참고
1. 거미 • 설다미 • 강미희	53초	1. 곡 명 : Dream 2. 작곡가 : 이루마 3. 음악 출처 : 멜론 http : //www.melon.com	1. 작가 : 위청비 2. 출처 및 사이트 : 싸이월드 블로그 http : //www.cyworld.com	★
2. 거북이 • 김서희 • 강미희	42초	배경음악 없음	1. 작가 : 작가 미상 2. 출처 및 사이트 : 키드키즈 http : //www.kidkids.net	★
3. 거북이 책가방 • 배보라 • 강미희	46초	1. 곡 명 : 숭어 4악장 2. 작곡가 : 슈베르트 3. 음악 출처 : 멜론 http : //www.melon.com	1. 작가 : 작가 미상 2. 출처 및 사이트 : 다음 카페 http : //cafe.daum.net	★
4. 골고루 먹어요 • 김미영 • 강미희	61초	1. 곡 명 : 사이좋은 세상 2. 작곡가 : 이루마 3. 음악 출처 : 네이버 뮤직 music.naver.com	1. 작가 : 김미영 2. 출처 및 사이트 : 없음	●
5. 꼭꼭 숨은 도마뱀 • 박신영 • 강미희	55초	1. 곡 명 : 종이접기 2. 작곡가 : 아쿠 아마린엠 (Aquamarine M) 3. 음악 출처 : 네이버 뮤직 music.naver.com	1. 작가 : 박신영 2. 출처 및 사이트 : 없음	●
6. 꽃게야 꽃게야 • 강수지 • 강미희	50초	1. 곡 명 : it's your day 2. 작곡가 : 이루마 3. 음악 출처 : 멜론 http : //www.melon.com	1. 작가 : 강수지 2. 출처 및 사이트 : 없음	●
7. 나의 몸 • 박도연 • 강미희	46초	1. 곡 명 : Smile Smile Smile 2. 작곡가 : 전수연 3. 음악 출처 : 네이버 뮤직 music.naver.com	1. 작가 : 작가 미상 2. 출처 및 사이트 : 키드키즈 http : //www.kidkids.net	★
8. 뒤뚱 뒤뚱 신사 • 김해리 • 강미희	42초	1. 곡 명 : 키쿠지로의 여름 – Summer 2. 작곡가 : 히사이시조 3. 음악 출처 : 멜론 http : //www.melon.com	1. 작가 : 작가 미상 2. 출처 및 사이트 : 네이버 블로그 http : //m.blog.naver.com /tprtlgksdkdu/30039996172	★

e-티칭 동시 제목 및 개발자	재생 시간	배경음악 및 작곡가	동시 작가	참고
9. 만약에 나에게 비행기가 있다면 • 김지은 • 강미희	75초	1. 곡 명 : 센과 치히로의 행방불명 – 또다시 2. 작곡가 : 히사이시조 3. 음악 출처 : 멜론 http : //www.melon.com	1. 작가 : 김지은 2. 출처 및 사이트 : 키드키즈 http : //www.kidkids.net 3. 참고 동요 제목 : 여행	▲
10. 무지개 물고기 • 마미 • 강미희	54초	1. 곡 명 : River im you 2. 작곡가 : 이루마 3. 음악 출처 : 멜론 http : //www.melon.com	1. 작가 : 이은주 2. 출처 및 사이트 : 네이버 카페 http : //cafe.naver.com	★
11. 보름달 • 박영희 • 강미희	23초	1. 곡 명 : Hope 2. 작곡가 : 이루마 3. 음악 출처 : 멜론 http : //www.melon.com	1. 작가 : 박영희 2. 출처 및 사이트 : 네이버 카페 http : //cafe.naver.com 3. 참고 동시 제목 : 보름달	▲
12. 우리 친구 소방차 • 최미덕 • 강미희	52초	1. 곡 명 : 반짝반짝 작은별 (MR) 2. 작곡가 : Various Artists 3. 음악 출처 : 네이버 뮤직 music.naver.com	1. 작가 : 최미덕 2. 출처 및 사이트 : 키드키즈 http : //www.kidkids.net/ 3. 참고 동요 제목 : 우리 친구 소방차	▲
13. 우주나라 • 편강공주 • 강미희	60초	1. 곡 명 : morning 2. 작곡가 : 이경민 3. 음악 출처 : 멜론 http : //www.melon.com	1. 작가 : 안미정 2. 출처 및 사이트 : 네이버 블로그 http : //m.blog.naver.com	★
14. 위장술 곤충 • 김보현 • 강미희	61초	1. 곡 명 : 바람결에 민들레가 2. 작곡가 : 전수연 3. 음악 출처 : 네이버 뮤직 music.naver.com	1. 작가 : 김보현 2. 출처 : 없음	●
15. 자석에 대어 보세요 • 김미선 • 강미희	82초	1. 곡 명 : 기쁨 2. 작곡가 : 이재량 3. 음악 출처 : 네이버 뮤직 music.naver.com	1. 작가 : 김미선 2. 출처 : 없음	●
16. 제기차기 • 손다윤 • 강미희	61초	1. 곡 명 : 달빛이 하늘로 2. 작곡가 : 그림 3. 음악 출처 : 네이버 뮤직 music.naver.com	1. 작가 : 손다윤 2. 출처 및 사이트 : 키드 키즈 및 책 (숨바꼭질) http : //www.kidkids.net	▲
17. 지렁이 한 마리 • 봉용의	40초	배경음악 없음	1. 작가 : 미상 2. 출처 : 네이버 카페	★

e-티칭 동시 제목 및 개발자	재생 시간	배경음악 및 작곡가	동시 작가	참고
• 강미희			http : //cafe.naver.com	
18. 할머니 집 • 김보람 • 강미희	67초	1. 곡 명 : May be 2. 작곡가 : 이루마 3. 음악 출처 : 멜론 http : //www.melon.com	1. 작가 : 김보람 2. 출처 : 없음	●

[출처 및 작가 참고사항]

● : 작가가 개발자 본인에 해당하는 경우

▲ : 동시 및 동요를 참고한 경우

★ : 동시를 그대로 인용한 경우

3) e-티칭 동시 18편과 관련된 생활주제

구분번호	생활주제	e-티칭 동시
1	① 동물 ② 동물과 우리의 생활 ③ 환경과 생활 ④ 자연	• 거미 • 거북이 • 거북이 책가방 • 도마뱀 • 꽃게야 꽃게야 • 뒤뚱 뒤뚱 신사 • 위장술 곤충 • 지렁이 한마리
2	① 동물 ② 동물과 우리의 생활 ③ 환경과 생활 ④ 자연 ⑤ 나	• 무지개 물고기
3	① 건강과 안전 ② 맛있는 음식과 영양 ③ 건강한 나의 몸 ④ 음식 ⑤ 건강과 위생	• 골고루 먹어요 • 꽃게야 꽃게야
4	① 나 ② 건강과 위생	• 나의 몸

구분번호	생활주제	e-티칭 동시
	③ 건강과 안전 ④ 건강한 나의 몸	
5	① 세계 여러나라 ② 교통기관 ③ 자연 ④ 건축물 ⑤ 환경과 생활 ⑥ 나 ⑦ 도구와 기계	• 만약에 나에게 비행기가 있다면
6	① 명절 ② 지구와 우주 ③ 달 ④ 자연	• 보름달
7	① 우리 동네 ② 도구와 기계 ③ 교통기관 ④ 나 ⑤ 안전한 생활 ⑥ 환경과 생활	• 우리 친구 소방차
8	① 지구와 우주 ② 달 ③ 지구 ④ 행성 ⑤ 나 ⑥ 교통기관	• 우주나라
9	① 자석 ② 광물과 생활	• 자석에 대어 보세요
10	① 우리나라 ② 안전한 놀이 ③ 전통놀이 ④ 놀이 도구 ⑤ 운동	• 제기차기
11	① 우리 가족 ② 나 ③ 우리나라 ④ 환경과 생활	• 할머니 집

Part. 02

유아를 위한 e-티칭 동시 수업의 실제

Part 02

유아를 위한 e-티칭 동시 수업의 실제

유치원에서 유아의 동시수업은 주로 유아에게 동시를 감상시키고 이해시키며 이를 읊고 암송하는 수준에서 이루어지고 이 보다 진전시키는 경우는 동시짓기를 하는 수업방식으로 이루어진다. 동시수업에 있어서 활용되는 교수매체도 동시 그림자료 또는 동시 낭송 테이프, 교사가 직접 낭송해 주는 방법으로 이루어지고 있으며 유아들은 이를 반복해서 따라 하므로써 동시를 암송하는 방식으로 동시수업이 마무리 된다. 또는 동시 그림자료를 벽에 부착하여 유아 개인별로 자주 낭송하도록 유도하는 수준에 머무른다.

이러한 동시수업은 유아로 하여금 동시를 단순히 암송하기 위한 것으로 이해될 수 있고 건조하고 밋밋하며 딱딱한 느낌을 주어 유아들에게 정서적인 만족감과 풍부한 감성을 길러주기에는 미흡한 점이 많다. 유아들은 동시를 낭송하면서 동시의 내용과 의미를 깊이있게 이해하고 음미하는 것을 통해 동시의 좋은 점을 스스로 감지하도록 해야 하며 정서적인 만족감과 안정감을 갖을 수 있어야 한다. 그러는 가운데 동시를 좋아하고 일상생활에서 동시을 즐기는 태도가 길러지며 더 나아가서는 동시를 지어보려는 동기유발을 갖게 된다.

그런데 유아교육 현장에서 동시낭송은 대부분 교사 한사람의 목소리에 의존하는 경향이 강하고 동시 교수매체도 1~2가지로 단순한 형태로 현재까지 계속적으로 변함없이 진행되어 오고 있다. 교사도 동시수업을 보다 다양한 측면에서 유아들에게 접근 시키려는 새로운 시도를 한다든가 보다 진척된 새로운 동시수업을 구상한다든가 하는 노력들은 보이지 않는다.

이에 대해 필자는 유아들에게 보다 흥미있고 감성적이며 창의성도 증진할 수 있는 획기적인 동시수업 및 동시 교수매체의 필요성을 절실하게 느끼게 되었다. 또한 교사가 동시수업을 효율적이고 재미있게 할 수 있는 교수방법은 없는가에 대해 진지하게 고민하게 되었다. 특히 유아들은 동화 못지않게 동시를 좋아 할 뿐 아니라 동시는 내용의 양이 적고 문장이 짧지만 유아의 정서교육 및 정서능력에 미치는 효과가 크기 때문에 유아문학교육 측면에서 큰 비중을

차지한다.

그런데 마침 우리 대학에서 Capston Design 프로그램을 통해 유아교수매체 교과목 수업의 심화과정으로 교수와 학생들이 팀을 짜서 현장에서 실용화 할 수 있는 교수매체를 개발할 수 있도록 지원을 하게 되었다. 그리고 이를 계기로 유아교수매체 담당교수인 필자와 3학년 학생들이 공동으로 장기간에 걸쳐 계속 수정하고 보완하여 새로운 형태의 동시 교수매체인 'e-티칭 동시'라는 동시수업에 활용할 수 있는 자료를 제작 및 개발하게 되었다. 개발한 e-티칭 동시를 유아교육 현장에서 실제로 동시수업에 적용한 결과 기대 이상의 교육효과와 반응이 유아와 교사로부터 확인되었다.

또한 현장적용 경험을 통해 e-티칭 동시는 교사의 동시수업을 다양한 단계와 형태로 진행시킬 수 있는 가능성을 보여 주었다. 즉 e-티칭 동시는 새로운 다양한 동시수업을 접목시킬 수 있는 복합적이고 멀티적인 요소를 갖고 있다.

유치원에서 동시수업은 보통 1주일에 1회 정도 생활주제와 소주제에 따라 이루어지는 데 이때 동시수업은 일반적으로 교사가 동시를 낭송하여 들려 주거나 또는 그림과 글자가 혼합된 동시판을 가지고 동시를 반복하여 읊어본다. 또는 동시를 듣고 느낀 점에 대해 이야기 해보는 선에서 수업이 마무리된다. 1주일에 1회 정도 실시하는 동시수업에 e-티칭 동시를 활용하면 동시낭송이 주류를 이루는 단순한 수업 형태에서 벗어나 동시낭송 · 동시감상 · 동시개작 등 3가지 활동을 연계하여 통합적으로 짧은 시간에 효과적이고 다양하며 재미있는 동시수업을 할 수 있다. 또한 생활주제와 관련된 e-티칭 동시 1편을 선택하여 1주일에 1~2회 정도 동시수업을 실시하여 4~6주 동안 다양한 접근의 동시수업을 진행할 수 있다. 즉 동시감상, 동시낭송, 동시개작, 동시 손유희 및 신체표현, 배경화면 재구성, 배경음악 및 작곡가와 동시작가, 동시짓기, e-티칭 동시 만들기 등의 교육내용과 교수방법을 장기적으로 연계하여 수업실제에 적용하면 총체적이고 통합적인 동시 교육활동을 전개할 수 있다.

덧붙여 e-티칭 동시의 또하나 새로운 사실은 e-티칭 동시 자료(CD 및 파일)는 유아 동시수업의 개선을 목적으로 만들어진 동시 교수학습매체이지만 아동문학적인 측면에서도 21세기 IT 시대에 적합한 새로운 형태의 독특한 동시 장르의 탄생이라는 것이다.

즉 현재까지 동시가 책이나 녹음 테이프, 글과 그림으로 된 게시판 등에 기록되어 시각적 기능 혹은 청각적 기능 한가지에만 의지하여 이루어진 교수매체가 주류를 이루었다면 e-티칭 동시는 시각적 기능과 청각적 기능을 합성하여 감성을 자극하는 시청각적 형태의 새로운 동시형태를 탄생시킨 신종 동시인 것이다. 부언하면 e-티칭 동시는 유아의 눈높이에 치밀하게 맞춘 캐릭터와 배경화면, 잔잔한 움직임과 조금씩의 변화, 색채미학, 교육적 메시지 등을 동시제목과 동시내용에 맞게 충실하게 조직하여 개발한 시청각적 동시 교수매체라고 할 수 있다. 그러므로 e-티칭 동시는 IT기술을 접목하고 유아교육 전문성을 가미하여 탄생한 유아 동시로서 독특한 새로운 장르로 인정받을 만한 가치가 있다.

e-티칭 동시를 한번도 접해 본 경험이 없는 교사들은 e-티칭 동시를 유아 동시수업에 어떻게 활용하는지 또는 어떻게 적용하고 전개하는지에 대해 매우 궁금할 것이다. 그러므로 이 장에서는 e-티칭 동시를 활용하여 유아교육 현장에서 동시수업에 적용할 수 있는 e-티칭 동시수업 실제에 대해 기술하고자 한다. 물론 교사들에 의해 앞으로도 e-티칭 동시수업을 통해 충분히 새로운 접근법의 동시수업 형태 및 교수기술이 계속 나올 수 있을 것이다.

우선 앞에서 말한 유치원에서 생활주제 및 소주제에 맞는 동시 1편을 1주일에 1회 정도 실시하는 가장 기본적이고 보편적인 e-티칭 동시수업 형태로 동시낭송·동시감상·동시개작 3가지 활동을 연계한 동시수업에 대해 기술하고자 한다.

1. e-티칭 동시의 감상·낭송·개작 연계수업

유치원에서 1주일에 1회, 생활주제 및 소주제에 따른 e-티칭 동시 1편을 선정하여 동시수업을 하고자 한다면 가장 적합한 기본적인 동시수업 형태는 동시감상·동시낭송·동시개작을 연계 및 통합하여 이루어지는 동시수업이라고 할 수 있다.

이 수업은 유아의 연령에 따라 적게는 15분에서 많게는 25분까지 소요되는 동시활동이 될 수 있는데 동시 감상과 낭송, 개작이 그 짧은 시간에 다 이루어진다는 것만으로도 상당히 효율적인 수업이라고 할 수 있다. 물론 이것은 e-티칭 동시라는 동시 교수매체가 있어서 가능한 것이다.

이에 대한 이해를 도모하기 위해 e-티칭 동시가 어떻게 활용되고 적용되는지 이해할 수 있도록 대략적으로 설명하고자 한다. 다음에는 이러한 동시수업을 실제로 수행한 사례를 통해 완성된 교육활동계획안을 제시하여 보다 구체적이고 심도있는 이해를 할 수 있도록 도움을 주고자 한다. 그리고 여러분도 이 교육활동계획안을 완전히 이해하고 동시수업을 연습하여 유아들에게 그대로 동시수업을 한번쯤 시도하고 적용해 보길 권한다. 이를 경험한 후에는 분명히 e-티칭 동시를 활용하는 것이 유아 동시수업에서 어떤 진가를 발휘하는지 또는 어떤 장점이 있는지 등에 대해 보다 분명히 이해하고 판단할 수 있을 것이다.

e-티칭 동시를 활용하여 동시감상・낭송・개작을 연계하여 통합적으로 이루어지는 수업에 대해 설명하면 다음과 같다.

첫째, 동시수업으로 선정한 e-티칭 동시가 「나의 몸」이라면 교사는 이에 대한 기본 정보를 자세히 알고 동시수업에 임해야 한다. 또한 e-티칭 동시를 미리 여러번 들어보고 느껴본 후에 유아들에게 교육목표와 관련해서 어떤 질문을 할 것인지 등 모든 가능성을 탐색하고 난 다음에 e-티칭 동시수업에 들어가야 한다.

예를 들면 유아들이 「나의 몸」 e-티칭 동시 감상 후 느낀 점은 무엇일까?, 동시낭송을 효율적이고 재미있게 할 수 있는 방식은 무엇일까? 동시 작가는 유아들에게 무슨 말을 하고 싶어서 「나의 몸」 동시를 지었을까? 「나의 몸」 동시에서 내용과 의미를 파악하는데 핵심이 되는 동시 글은 어느 부분일까? 유아들에게 「나의 몸」 동시를 개작하게 한다면 개작시 어떤 부분을 바꿔서 지어보도록 하는 것이 의미있는 개작이 될까? 또한 동시중에서 유아 개인별로 가장 마음에 드는 동시 글은 무엇인가? 그 동시 글이 마음에 마음에 드는 이유는 무엇인가? 등에 대해 심사숙고하여 정리할 필요가 있다.

다음에는 이를 토대로 동시수업 즉 동시 감상・낭송・개작 등을 자연스럽게 연계하여 수업하고 또한 융통성있게 동시감상과 낭송, 개작이 이루어지면서 통합적으로 교육활동이 이루어지도록 교육활동계획안을 짜도록 한다.

둘째, 교육활동계획안에 기초하여 동시수업을 도입-전개-마무리로 구분하여 동시수업을 이끌어 나간다. 도입단계에서는 유아의 관심, 호기심, 흥미 등을 이끌어내는 동기유발에 초점을 맞추어 교육활동이 이루어지도록 한다. 예를 들면 「나의 몸」 동시를 감상하기 전에 몸과 연관된 '요기 여기' 손유희를 하면서 몸에 대해 관심을 갖도록 유도한다. 또는 오늘 동시감상은 무엇인지 소개하고 감상 후에 느낀 점을 발표하자고 한다. 동시 제목을 천천히 아름다운 목소리로 누가 한번 말해 보자고 하거나 교사의 똑딱 시계소리 3번 후에 모두 함께 말해 보자고 한다. 또는 교사가 주먹 쥔 손을 펼 때마다 「나의 몸」 동시 제목을 한 글자씩 천천히 말해 보도록 한다. 예를 들면 '나~의~몸~' 하고 모두 동시에 말해 보도록 한다. 그런 다음에 「나의 몸」 동시감상에 들어간다. 여기까지가 도입단계에 해당한다.

셋째, 전개단계에서는 동시 감상·낭송·개작이 모두 연계하여 통합적으로 이루어진다. 우선, e-티칭 동시 「나의 몸」을 F5를 눌러 동시화면과 동시낭송을 통해 감상하도록 한다. 다음에는 「나의 몸」 동시 감상 후에 느낀 점을 발표하고 유아간에 공유하도록 한다. 교사는 유아가 발표할 때마다 같이 공감할 수 있는 피이드 백을 주도록 한다. 이 과정에서 교사는 다음과 같이 질문 및 상호작용을 할 수 있다. ① 「나의 몸」 동시를 듣고 어떤 생각과 느낌이 들었나요? ② 누가 발표해 볼까요? ③ OO와 다른 생각이나 느낌을 가진 친구 있나요? ④ 네, OO가 말해 볼까요? ⑤ 네, 우리 친구들이 잘 말해 주었어요. ⑥ 다음에는 「나의 몸」 동시를 다시 한번 감상할 거에요. ⑦ 동시를 지은 사람은 「나의 몸」 동시를 통해 우리 친구들에게 무엇을 알려주고 싶었는지 생각해보고 발표하도록 해요.

「나의 몸」 동시를 두번째로 들려주고 동시 작가의 생각에 대해 발표하여 유아들이 동시에 대한 공감대를 형성하고 동시의 내용과 의미를 이해하도록 한다. 그리고 유아들에게 질문을 할 때에는 유아들의 연령 및 이해수준 및 경험을 고려하여 가장 적합하면서 유아들의 생각을 잘 끄집어 낼 수 있는 좋은 질문을 미리 준비해서 유아들에게 질문하는 것이 중요하다. 질문이 유아에게 적합하면 유아들은 자신의 생각을 잘 표현할 수 있는 기회가 된다. 또한 교사의 질문은 교사에 따라 다양하고 다를 수 있다. 교사 각자가 심사숙고하여 교육대상 유아에게 가장 밀접하고 공감할 수 있는 질문을 할 수 있기를 바란다.

동시 감상 후에 교사가 유아에게 할 수 있는 질문을 예시하면 다음과 같다.

① 두 번째로 「나의 몸」 동시를 감상해 보았어요. 이 동시를 지은 사람은 우리 친구들에게 무엇을 말하고 싶어서 「나의 몸」 동시를 지었다고 생각하나요? 누가 말해 볼까요? 네, OO가 말해 보겠어요. ② 네, 그래요. 우리 OO가 잘 말해 주었어요. 그럼, OO와는 다른 새로운 생각을 가진 친구가 있다면 발표해 보세요. 네, OO가 말해 보겠어요. ③ 네, 우리 친구들이 동시를 지은 사람의 마음을 아주 잘 알고 있네요(동시 감상이 2회 이루어짐, 다음에는 동시낭송으로 들어감).

동시 낭송 후에 교사가 유아에게 할 수 있는 질문을 예시하면 다음과 같다.

① 다음에는 동시를 낭송해 보도록 해요. 동시의 앞부분은 검정색 글씨로 되어 있고 뒷부분은 빨간색으로 되어 있어요. 우리 친구들은 어떤 색깔의 동시를 낭송하고 싶나요? ② 네 좋아요. 그럼, 친구들이 앞부분의 검정색 동시를 낭송하면 바로 이어서 선생님이 뒷부분 빨강색 동시를

낭송 할게요. ③ 다음에는 선생님과 친구들이 각 1행씩 동시를 번갈아가며 낭송해 봅시다. ④ 이번에는 선생님이 검정색 동시를 1행 낭송하면 우리 친구들은 2행 빨강색 동시를 낭송하도록 해요. ⑤ 우리 친구들이 「나의 몸」 동시를 잘 낭송해 주었어요(동시 낭송이 2회 이루어짐. 다음에는 동시 개작으로 들어감).

동시 개작 수업에서 교사가 유아에게 할 수 있는 질문을 예시하면 다음과 같다.

① 다음에는 「나의 몸」 동시 뒷부분을 다르게 지어 볼까요? ② 제일 먼저 선생님이 1행의 뒷부분을 지을 거에요. 2행부터 8행까지는 우리 친구들이 지어보도록 해요 ③ 그리고 새로 지은 동시는 선생님이 빨간색으로 글자를 표시할 거에요. ④ 제일 먼저 1행 뒷부분을 선생님이 지을 테니 우리 친구들이 앞부분 '눈눈눈'하고 낭송해 주세요. 그럼 선생님이 생각한 새로 지은 동시를 말하고 빨강색으로 쓸 거에요. ⑤ 2행(2행~8행) 뒷부분은 누가 지을까요? ⑥ (유아들이 '눈눈눈' 낭송한 후) 거울보고요(교사는 새로 지은 동시를 말하고 컴퓨터를 사용하여 빨강색 글자로 바꾼다). '눈눈눈 거울보고요' ⑦ 친구들은 동시를 새로 짓는 친구들을 위해 앞부분을 모두 함께 낭송해 주세요. ⑧(동시 개작이 끝나면) 그럼, 새로 지은 동시를 1행씩 친구들은 검정색 글자로 된 동시, 선생님은 빨간색으로 된 동시로 번갈아 가면서 한번 낭송해 보도록 해요. ⑨ 우리 친구들이 「나의 몸」 동시도 새롭게 잘 지었어요. 낭송도 잘 해 주었어요(동시 개작 활동이 끝남)

넷째, 마무리단계로 「나의 몸」 동시 감상 · 낭송 · 개작 활동에 대한 종합 및 평가를 하고 끝맺음을 한다. 이 단계의 과정에서 교사는 다음과 같은 질문 및 상호작용을 할 수 있다. ① 오늘 감상한 동시중에서 우리 친구들이 가장 마음에 드는 동시 1행만 발표하도록 해요. 그리고 그 부분이 왜 좋은지 이유를 말해보도록 해요. 네, OO가 말해 보도록 할까요? ② 아하, 그렇군요. OO는 그래서 그 부분 동시를 매우 좋아하군요. ③ OO는 동화책 보는 것을 좋아하니까 '눈눈눈 책을 보고요'가 가장 마음에 들군요. ④ 오늘 우리 친구들이 「나의 몸」 동시활동을 아주 잘해 주었어요. ⑤ 끝으로 우리 모두 「나의 몸」 동시 감상과 낭송을 한번씩 하고 이 시간 끝마칩시다. 「나의 몸」 동시 자주 낭송하면서 항송 우리 몸을 깨끗이 소중하게 다루도록 해요(교사는 「나의 몸」 e-티칭 동시 감상과 낭송을 한번씩 하고 동시 수업을 마무리한다).

지금까지 「나의 몸」 e-티칭 동시를 15~25분 정도 할애하여 동시 감상 · 낭송 · 개작을 연계하여 통합적으로 이루어질 수 있는 가장 기본적이고 보편화 할 수 있는 수업에 대해 간략하게 설명하였다. 실제로 이러한 형태의 e-티칭 동시 수업을 현장에 적용해 본 결과 기대했던 것보다도 훨씬 큰 만족도를 나타냈다. 앞에서 설명했듯이 e-티칭 동시수업은 동시수업을 굉장히 감성적이고 창의적으로 이끌어 줄 뿐 아니라 동시 교육활동이 마치 동시 암송이 목적인 것처럼 보이는 동시수업 형태를 확실하게 벗어나게 해주는 실용성과 융통성이 높은 질 좋은 교수매체임이 확인 되었다. 또한 동시 수업이 끝나면 컴퓨터 바탕화면에 저정해서 유아들이 원하는 시간에 언제든 개별적으로 동시감상을 할 수 있고 시나브로 낭송과 암송이 저절로 된다는 측면에서 매우 교육적 효과가 크다.

앞에서 설명한 e-티칭 동시를 활용한 동시 감상·낭송·개작이 동시에 이루어지는 가장 기본적인 형태의 e-티칭 동시 수업의 특성을 살펴보면 다음과 같다.

첫째는 유아들에게 동시 내용에 대해 생각 해보고 접해 보며 이해하고 음미하면서 깊게 생각해 볼 수 있도록 교수활동이 이루어지고 있음을 알 수 있다. 둘째는 동시낭송이 무조건 암기를 여러 번 반복하는 방식이 아닌 자주 듣고 생각하고 내용과 의미를 음미하면서 동시낭송이 자연스럽게 이루어지도록 반복하고 있다는 것이다. 계속 연달아 무조건 동시를 3~4번 반복하는 방식이 아니다.

동시 글자를 빨간색과 검정색으로 표시하여 유아와 교사가 낭송하고픈 동시 문장을 선택할 수도 있고 동시 낭송방법도 행의 앞부분과 뒷부분으로 나눈다거나 1행씩 번갈아 가면서 한다거나 해서 지루하지 않음을 알 수 있다. 동시도 계속 연속 감상하는 것이 아니라 감상하고 생각해 보고 질문하고 또 감상하고 새로운 질문을 하는 방식으로 감상 후 질문의 초점이 다르고 새로울 뿐 아니라 유아들이 동시 내용과 의미를 이해할 수 있는 질문을 취한다는 것이다. 그러므로써 유아들이 동시 내용과 의미를 서서히 깊이있게 알아가도록 단계별로 심화과정으로 진행되는 동시 수업임을 알 수 있다.

유치원 현장에서 1주일에 1회 정도 생활주제와 소주제에 따라 이루어지는 동시 수업으로「나의 몸」 e-티칭 동시를 활용한 동시감상 · 낭송 · 개작을 하나로 연결한 수업형태의 실제 사례를 교육활동계획안으로 제시하면 다음과 같다.

e-티칭 동시 감상 · 낭송 · 개작 연계수업 교육활동계획안

대상연령	만 5세	활동날짜	2012/06/22/화	활동장소	꽃잎반 교실
생활주제	건강과 안전	주제	건강한 몸	소주제	몸 각 부분의 이름과 하는 일
활동명	나의 몸			활동유형	동시 감상 · 낭송 · 개작
활동자료	•「나의 몸」 e-티칭 동시(CD, 파일) • 컴퓨터 · 빔 프로젝터			소요시간	15분 ~ 25분
목표	• 몸 각 부분의 이름 및 하는 일에 대해 안다. • 몸을 보호하고 소중히 다뤄야 한다는 것을 이해한다. •「나의 몸」 동시를 깊이 음미하고 감상하며 낭송하는 즐거움을 느낀다. • 나의 몸에 대한 느낌과 생각을 동시로 표현한다.				
단계 및 활동내용(교사-유아 상호작용 TC안)					

1. 도입단계(동기유발 : 유아의 관심 · 호기심 · 흥미 이끌어내기)

■ 몸과 연관된 '요기 여기' 동요와 손유희로 몸에 대해 관심을 갖도록 유도하고 주의를 집중시킨다.

T_1 : 우리 친구들, 오늘 이야기 나누기 시간에 몸에 있는 각 부분의 이름과 하는 일에 대해 알아보았죠?

C_1 : 네.

T_2 : 이번에는 동시감상을 통해 우리 몸에 대해 곰곰이 생각해보는 시간을 가질 거예요. 우리 친구들이 감상할 동시는 '나의 몸'이어요. 동시 감상을 하고 느낀 점을 발표해 보도록 해요.

C_2 : 네.

T_3 : 동시를 감상하기 전에 동시 제목을 아름다운 목소리로 천천히 말하고 나서 동시 감상 시작합시다.
선생님이 시계의 똑딱 소리, 3번하면 동시 제목 모두 함께 말하는 거에요.

C_3 : 네

T_4 : (입으로 혀를 이용하여 소리를 내며 소리를 낼 때마다 오른손 손가락을 하나씩 편다.) 똑딱 똑딱 똑딱

C_4 : (교사는 손을 쥐었다 펴면서 말하는 속도를 조절해 준다) 나~ 의~ 몸~

T_5 : (슬라이드 F5를 눌러 e-티칭 동시 '나의 몸'을 들려준다)

2. 전개단계(핵심내용의 논리적인 연결 및 접근, 다양한 유형의 발문)

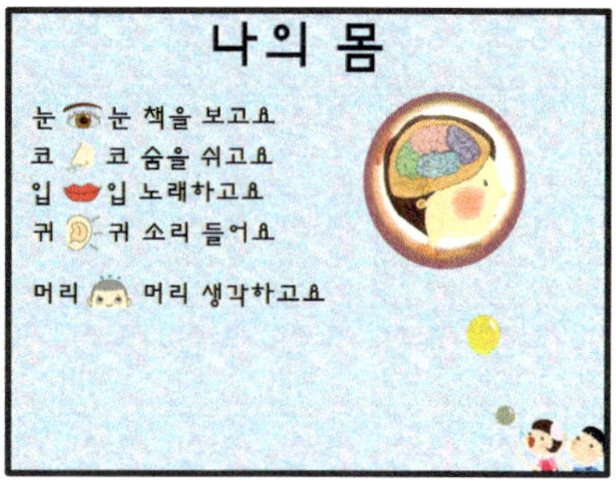

■ 동시감상을 하고 난 후 느낀 점을 발표하고 유아 간에 공유하도록 한다.

T_6 : '나의 몸' 동시를 듣고 어떤 생각과 느낌이 들었나요? 누가 발표할까요?
네, 은혜가 해 주세요.

C_5 : 몸이 할 수 있는 일이 참 많다고 느꼈어요.

T_7 : 또 다른 생각이나 느낌을 가진 친구 있나요?
네 지희가 말해 볼까요?

C_6 : 몸이 매우 소중하다고 느꼈어요.

C_7 : 몸이 하나라도 고장나거나 병이 나면 일하는데 많이 불편할 것 같다는 생각이 들어요

T_{8} : 네, 우리 친구들이 잘 말해 주었어요.
다음에는 '나의 몸' 동시를 다시 한번 감상 하면서 동시를 지은 사람은 무엇에 대해 우리 친구들에게 말하고 싶었을까? 생각하고 발표하도록 해요.

■ '나의 몸' 동시를 다시 들려주고 동시 작가의 생각에 대해 발표하도록 하여 공감대를 형성하고 동시 내용의 의미를 이해하도록 한다.

T_{9} : 두번째로 '나의 몸' 동시를 들어 보았어요. 이 동시를 지은 사람은 동시를 통해 무엇을 알리고 싶었을까요? 누가 말해 볼까요?

T_{10} : 네, 솔이가 말해 보겠어요.

C_{8} : 우리 몸이 얼마나 훌륭한 일을 하는지 알리고 싶었던 것 같아요.

T_{11} : 네, 그래요. 솔이가 잘 말해 주었어요. 그럼, 또 새로운 생각을 가진 친구는 계속 발표해 보아요. 네, 현진이가 말해 보세요.

C_{9} : 몸에 대해 고마운 마음을 가져야 한다고 말하는 것 같아요.

C_{10} : 우리 몸으로 할 수 있는 일이 많다는 것을 알려주는 것 같아요.

C_{11} : 몸을 깨끗이 하고 건강하게 해서 아프지 말라고 하는 것 같아요.

T_{12} : 네, 우리 친구들 모두가 동시를 지은 사람의 마음을 아주 잘 알고 있네요.
그럼, 다음에는 동시의 앞부분 검정색 글씨는 선생님이 낭송할 거에요. 우리 친구들은 동시의 뒷부분 빨강색 글씨를 낭송하도록 해요. 선생님이 먼저 낭송 할게요.

T_{13} : 눈눈눈 C_{12} : 책을 보고요
T_{14} : 코코코 C_{13} : 숨을 쉬고요
T_{15} : 입입입 C_{14} : 노래 하고요
T_{16} : 귀귀귀 C_{15} : 소리 들어요

T_{17} : 머리머리머리 C_{16} : 생각 하고요
T_{18} : 가슴가슴가슴 C_{17} : 친구야 사랑해
T_{19} : 손손손 C_{18} : 그림 그리고
T_{20} : 발발발 C_{19} : 뛰어 놀아요

T_{21} : 다음에는 선생님과 친구들이 동시를 1행씩 번갈아 가며 낭송해 봅시다.
먼저 선생님이 검정색 글씨 동시를 1행씩 낭송할 거에요. 그럼, 다음에는 우리 친구들이 빨강 글씨 동시를 1행씩 낭송하는 거에요.

T_{22} : 눈눈눈 책을 보고요
C_{20} : 코코코 숨을 쉬어요
T_{23} : 입입입 노래 하고요
C_{21} : 귀귀귀 소리 들어요

T_{24} : 머리머리머리 생각 하고요
C_{22} : 가슴가슴가슴 친구야 사랑해
T_{25} : 손손손 그림 그리고
C_{23} : 발발발 뛰어 놀아요

T_{26} : 우리 친구들이 '나의 몸' 동시를 잘 낭송해 주었어요. 다음에는 '나의 몸' 동시의 뒷부분을 다르게 지어볼까요? 선생님이 동시의 1행과 8행을 새로 지을거에요.. 다음에는 친구들이 2행부터 7행까지 지어보는 거에요.
선생님은 새로 바꾼 동시 글을 빨간색으로 표시 할 거에요. 그리고 우리 친구들은 동시 를 새로 짓는 친구들을 위해서 동시 앞부분을 모두 함께 낭송해 주도록 해요.
그럼, 선생님이 제일 먼저 1행의 동시 뒷부분을 바꾸어 지어볼 거에요. 우리 친구들이 눈눈눈하고 동시 낭송해 주세요. 그러면 선생님이 생각한 새로운 동시를 말할 거에요.

C_{24} : 눈눈눈 T_{26} : 거울 보고요
C_{25} : 코코코 C_{26}: 꽃향기 맡아요
C_{27} : 입입입 C_{28} : 아이스크림 먹고요
C_{29} : 귀귀귀 C_{30} : 새 소리 들어요

C_{31} : 머리머리머리 C_{32} : 생일날 기억 하고요
C_{33} : 가슴가슴가슴 C_{34} : 두근거려요
C_{35} : 손손손 C_{36} : 레고로 멋진 집 짓고
C_{37} : 발발발 T_{27} : 축구공 갖고 놀아요

T_{28} : 이제, '나의 몸' 동시 뒷 부분이 모두 새롭게 지어졌어요. 1행씩 낭송해 보도록 해요. 검정색 글씨는 선생님이 낭송하고 빨강색 글씨는 우리 친구들이 낭송해 보도록 해요. 선생님이 먼저 시작할게요.

T_{29} : 눈눈눈 거울 보고요
C_{37} : 코코코 꽃향기 맡아요
T_{30} : 입입입 아이스크림 먹고요
C_{38} : 귀귀귀 새 소리 들어요

T_{31} : 머리머리머리 생일날 기억 하고요
C_{39} : 가슴가슴가슴 두근거려요
T_{32} : 손손손 레고로 멋진 집 짓고
C_{40} : 발발발 축구공 갖고 놀아요

3. 마무리 단계(종합 · 평가 · 끝맺음)

T_{33} : 지금까지 우리 친구들이 '나의 몸' 동시를 감상하고 낭송해 보았어요. 그리고 뒷부분을 새로 지어 보았어요.
그럼, 오늘 동시중에서 가장 마음에 들었던 동시 1행만 낭송하고 그 부분이 왜 좋았는지 이유를 말해 보도록 해요.
누가 말해 볼까요? 네, 서영이 친구가 말해 보세요.

C_{41} : '가슴가슴가슴 친구야 사랑해'가 좋아요.
왜냐면요 마음이 따뜻해져요.

T_{34} : 아, 그렇군요. 다음에는 현진이 친구가 말해 보겠어요?

C_{42} : 눈눈눈 책을 보고요가 가장 마음에 들어요.
나는 동화책 읽는 것을 아주 좋아하니까요.

T_{35} : 마지막으로 한 친구만 더 발표해 보도록 해요. 네 솔이가 말해 주세요.

C_{43} : 입입입 아이스크림 먹고요가 좋아요.
지금 아이스크림이 엄청 먹고 싶거든요.
(모두 하하하 웃는다)

T_{36} : 오늘 우리 친구들 동시활동을 아주 잘해 주었어요. 끝으로 '나의 몸'을 생각하면서 동시를 한번씩 더 감상하고 낭송하면서 이 시간 끝마칩시다. 그리고 「나의 몸」 동시를 자주 낭송하면서 항상 몸을 깨끗이하고 소중히 다루도록 해요.

C_{44} : 네

■ 교사는 유아들에게 e-티칭 동시 감상과 동시 낭송을 1회씩 연속해서 진행하고 동시수업을 끝마친다.

2. e-티칭 동시의 감상 및 낭송

다음에는 생활주제 및 소주제에 맞는 동시 1편을 일주일에 1회 정도 동시수업을 실시하여 4주에서 6주 동안 장기간에 걸쳐 동시와 관련된 다양한 내용과 접근이 이루어지는 e-티칭 동시수업 6단계에 대해 기술하고자 한다.

1편의 e-티칭 동시를 4주에서 6주 동안 계속 연계하여 진행되는 동시수업은 유아들에게 동시에 대한 보다 폭넓고 깊이있는 이해와 총체적인 학습경험을 제공하여 유아문학교육의 본질에 보다 충실한 교육활동이 이루어질 수 있다. 또한 일상생활에서 동시에 대한 관심과 흥미를 자연스럽게 유도하고 동시 감상 및 낭송, 짓기를 보다 쉽게 이해하고 접하는 기회를 제공하여 동시를 즐기는 태도를 형성할 수 있다. 그러므로 유아교사들은 1년에 최소 한 1~2회 정도는 e-티칭 동시를 활용한 1단계부터 6단계까지 연계된 동시수업을 유아들에게 제공할 필요가 있다.

별첨부록 CD에 저장된 e-티칭 동시 1편을 감상하는데 소요되는 시간은 짧게는 40~50초, 보통은 60초, 길게는 75초 내외가 소요된다. 생활주제 및 소주제와 관련된 e-티칭 동시로 수업을 하는 경우 수업시간은 짧게는 15분~20분 정도, 길게는 25분 정도 걸린다. 동시수업은 1주일에 1회 정도 하는 것이 적당하다. 예를 들면 3~4월은 동시감상 및 낭송, 개작 연계수업에 중점을 등 보편적인 동시수업를 실시하고 5월은 4~6주 동안 e-티칭 동시 1편을 6단계로 연계하여 폭넓고 심도있게 접근하도록 한다. 즉 유아가 동시에 대한 감성과 흥미를 갖도록 연속적인 학습경험 및 시적 심상, 창작하고픈 마음이 일어나도록 심도있고 밀도있는 동시수업을 제공하는 것이 바람직하다.

이 장에서는 e-티칭 동시를 활용한 동시수업을 6단계로 나눈 동시수업 실제에 대해 설명하고자 한다. 여기서 말하는 e-티칭 동시를 활용한 6단계 동시수업이란 ① e-티칭 동시 감상 및 낭송 ② e-티칭 동시 손유희 및 신체표현 ③ e-티칭 동시 개작 및 녹음 ④ e-티칭 동시 배경화면 재구성 ⑤ e-티칭 동시 배경음악과 작곡가 및 동시작가 ⑥ 동시짓기 및 e-티칭 동시 만들기를 말한다. 이러한 내용의 e-티칭 동시를 활용한 1단계~6단계까지의 동시수업 실제에 대해 기술한 다음에는 유아교육 현장적용에 도움이 되도록 각각의 교육활동계획안도 예시하였다. 또한 유치원 현장에서 적용한 수업장면 사진도 포함하여 실었다. 유아교사 여러분들은 이를 참고로 하여 훨씬 더 질 좋은 e-티칭 동시 수업으로 발전시키고 교육활동계획안도 더욱 창의적으로 향상시킬 수 있기를 바란다.

그럼, 1단계 동시수업, e-티칭 동시를 활용한 동시 감상 및 낭송 수업에 대해 기술하고자 한다. 첫째, 동시감상 수업시 생활주제 및 소주제와 가장 밀접한 관련이 있는 e-티칭 동시 1편을 선정한다. 예를 들면 생활주제가 동물이면 우선 생활주제별로 나와 있는 동물과 관련된 e-티칭 동시 목록을 살펴보고 유아에게 가장 흥미있고 신선감을 줄 수 있는 동물과 관련된 e-티칭 동시 1편을 고른다. 만약 소주제가 도마뱀, 거미와 같이 명확하다면 도마뱀, 거미 e-티칭 동시를 선택해야 하는 것은 너무나 당연하다.

둘째, 교사는 선택한 e-티칭 동시를 동시수업에 활용하기 전에 교사 스스로 e-티칭 동시를 충분히 여러번 감상해서 음미하고 확실한 느낌을 감지한 후에 유아들에게 동시감상 경험을 제공해야 한다. 그래야만 유아들과 동시감상을 한 후 동시 느낌에 대해 밀도있는 언어적 상호작용이 가능하다.

「꼭꼭 숨은 도마뱀」 e-티칭 동시 감상

「무지개 물고기」 e-티칭 동시 감상

「할머니 집」 e-티칭 동시 감상

「만약에 나에게 비행기가 있다면」 e-티칭 동시 감상

셋째, 동시 글 전체를 3회 정도 감상하게 한다. 단, 매번 1회씩 동시 감상 후에는 유아들에게 동시를 듣고 난 후 어떤 느낌이 들었는지 1~2명씩 발표해 보도록 한다. 다음에는 1연씩 감상하고 1연씩 동시를 정지시킨 상태에서 1연에서는 어떤 느낌이 들었고 어떤 동시 글에서 그런 느낌을 받았는지 말하도록 보다 세부적으로 이야기나누기를 이끌어간다. 또는 e-티칭 동시의 어떤 부분의 글이 가장 마음에 와 닿았는지 그 이유는 무엇인지 다양한 의견이 나오도록 질문한다. 유아들의 관심은 동시 글의 일부분일 수도 있고 동시 배경화면의 어떤 장면이 인상적 일 수도 있으며 배경음악에 관심을 가질 수도 있을 것이다.

넷째, e-티칭 동시 글의 내용과 의미를 어느 정도 이야기나누기를 통해 이해했다고 생각될 때, 유아들에게 이번에는 동시를 낭송해 보자고 제안한다. 우선 e-티칭 동시의 동시 낭송을 모두 함께 따라서 1회 낭송하고 2회 낭송시는 교사가 1연을 낭송하면 유아들은 2연을 낭송하도록 한다. 3회째는 1~2줄씩 교사와 유아가 번갈아 가면서 낭송해 본다. 그리고 이 때 동시를 번갈아 가면서 읊는 경우 유아들이 읊어야 하는 부분은 파워포인트 프로그램을 활용하여 동시 글을 노란색으로 바꿔서 낭송한다든가 혹은 빨간색으로 밑줄을 친다든가 아니면 유아들이 낭송할 글자를 더 크게 만들어서 변화를 주는 것이 동시 낭송 부분을 쉽게 파악하고 감지하며 낭송 부분을 놓치지 않도록 하는데 도움이 된다.

「꼭꼭 숨은 도마뱀」 e-티칭 동시 감상하고 느낀 점 말하기

참고로 동시 글의 특정한 부분에서 유아들과 이야기나누기 하기 위해 e-티칭 동시를 멈추고자 할 때는 마우스의 오른쪽을 한번 누르면 화면이 정지된다. 그리고 동시 글에 표시를 하고자 할 때는 오른쪽 마우스를 누르면 포인터 옵션이 나오는데 이를 클릭하여 형광펜을 선택하여

원하는 동시 글에 줄을 긋거나 색을 입힐 수 있다. 그리고 e-티칭 동시를 멈춘 상태에서 계속이어서 진행하고 싶으면 오른쪽 마우스를 클릭하여 나온 화면의 다음을 누르거나 포인터 옵션의 화살표를 누르면 된다. 이에 대해서는 뒤에 나오는 'e-티칭 동시의 재생 및 배경화면의 이해와 활용'에 컴퓨터의 배경화면과 함께 조작법이 제시되어 있으니 참고하기 바란다.

「보름달」 e-티칭 동시 낭송

「꼭꼭 숨은 도마뱀」 e-티칭 동시 낭송

「꼭꼭 숨은 도마뱀」 e-티칭 동시 낭송

「꼭꼭 숨은 도마뱀」 e-티칭 동시 낭송

다섯째, 교사와 유아가 어느 정도 번갈아 가면서 낭송을 하였다면 이젠 유아 중에서 2명을 선정하여 1연씩 e-티칭 동시에서 나오는 동시낭송에 맞추어 자신의 목소리를 조절하여 동시 낭송을 해보도록 한다. 다음에는 1명을 선정하여 e-티칭 동시 낭송과 동시에 혼자서 동시 낭송을 해 보도록 기회를 준다. 그리고 유아들에게 컴퓨터영역에서 e-티칭 CD를 활용하여 언제든 원하는 시간에 e-티칭 동시를 감상하고 낭송하도록 한다.

그리고 유아들에게 동시제목, 동시작가, 시인, 1행, 1연 등의 개념에 대해 쉽게 이해시키고 관련된 단어 및 문장을 반복하여 자주 언어사용 하므로써 유아가 익숙하게 동시와 관련된 용어를 언어로 사용할 수 있도록 기회를 제공한다.

3. e-티칭 동시의 손유희 및 신체표현

e-티칭 동시를 활용한 동시수업 2단계는 유아들에게 동시를 손유희 및 신체표현과 같은 동작으로 연결하는 활동이다. 즉 동시 제목이나 동시 글의 특정한 부분 또는 동시 전체를 한행씩 손유희 및 신체표현으로 유아들에게 나타내 보도록 한다. 이는 e-티칭 동시를 들으면서 동시 낭송을 하고 여기에 손유희 및 신체표현이 함께 이루어지도록 하는 것이다. 이러한 활동은 동시가 동작활동으로 연결되는 과정으로 유아들에게 동시 낭송을 듣고 따라하면서 동작도 리듬감있게 표현하고 연결하는 학습경험을 준다.

짧은 동시일 경우 유아 한명에게 동시를 손유희와 신체표현으로 지어보게 할 수 있고 또는 2명이 1행씩 지어보게 할 수도 있고 팀별로 동작을 지어보도록 할 수도 있다. 이는 유아들이 지은 손유희 및 신체표현 동작을 다른 유아들과 함께 동시 낭송을 듣고 따라하면서 표현하는 역동적인 시간이 될 수도 있다. 그리고 한번은 한 유아가 동작 지은 것을 했다면 다음에는 다른 유아에게도 기회를 주어 새롭게 지은 손유희 및 신체표현으로 해 보면서 유아들은 지루해 하지 않고 창의적이며 신나는 동시수업이 될 수 있다.

「꼭꼭 숨은 도마뱀」 e-티칭 동시 손유희 및 신체표현

「꼭꼭 숨은 도마뱀」 e-티칭 동시 손유희 및 신체표현

이런 학습 경험의 반복을 통해 동시를 쉽게 빨리 이해하고 자연스런 암송이 가능할 것이다. 또한 손유희 및 신체표현 같은 동작을 통한 동시낭송을 하므로써 유아들은 숨의 호흡을 조절하면서 자신의 속도에 맞는 동시 낭송을 할 수 있는 능력을 기를 수 있다. 유아들이 동시를 듣거나 보면서 낭송 했을 때와 유아 자신이 동작으로 표현하면서 동시 낭송을 할 때를 비교하면 속도나 리듬감에서 크게 다름을 느낄 수 있다. 즉 손유희 및 신체표현은 신체의 움직이는 속도에 영향을 받아 숨 호흡의 완급을 조절하면서 자연스런 동시낭송을 유도할 수 있다.

유아들은 이런 반복 및 연습을 통해 혼자 스스로 동시를 낭송할 수 있는 능력의 기초를 다질 수 있다. 교사는 유아들이 손유희 및 신체표현에 따라 동시 낭송 속도 및 음성의 높낮이를 조절하도록 유도하고 도와 주어야 한다.

4. e-티칭 동시의 개작 및 녹음

e-티칭 동시를 활용한 동시수업 3단계는 유아들에게 동시를 부분적으로 개작하고 이를 동시낭송으로 읊어보고 녹음하여 개작한 동시를 들어보는 활동이다. 유아들에게 e-티칭 동시 글의 내용을 특정한 부분 또는 바꾸면 의미가 새롭게 변화되는 핵심 단어나 문장을 없애고 새로 바꾸거나 지어 넣어 유아들에게 동시를 지을 수 있는 자신감과 창의성 및 동시를 지을 수 있는 기초

마인드를 형성 시킬 수 있다. 예를 들면 「꼭꼭 숨은 도마뱀」 동시에서 도마뱀이 숨은 곳이 나뭇잎, 나무 뒤, 바위 밑으로 되어 있는데 이를 유아들이 도마뱀을 숨기고픈 장소로 바꾸어 보도록 할 수 있다. 즉, 나뭇잎이 동굴속으로, 나무 뒤에가 커다란 토란잎으로 바위 밑이 캥거루 주머니로 바뀌어 새로운 느낌과 분위기로 신선감을 줄 수 있는 동시로 개작할 수 있다.

「꼭꼭 숨은 도마뱀」 e-티칭 동시 개작

그리고 개작한 부분은 유아들이 쉽게 구분할 수 있도록 글씨 크기를 크게 하거나 색을 넣어 바뀐 표시를 하여 화면에 제시한다. 그리고 개작한 동시를 유아들과 함께 1~2번 정도 낭송하고 동시 낭송을 하고 싶은 유아에게 동시를 낭송하도록 해서 즉석에서 녹음한다. 이 때 컴퓨터의 곰플레이어 프로그램을 활용하거나 헤드 셋을 활용하여 쉽게 녹음할 수 있다. 만약 유아들이 헤드셋 없이 바로 녹음할 경우, 노트북에 얼굴을 가까이 대고 곰플레이어 녹음기를 실행하여 빨간색 동그라미 버튼을 눌러 파일 이름을 지정할 창이 나오면 파일 이름을 지정하면 자동으로 음성 녹음이 시작된다.

개작한 「꼭꼭 숨은 도마뱀」 e-티칭 동시 녹음

녹음이 끝나면 동시낭송을 재생하여 함께 감상한다. 이를 통해 유아들은 동시에 대한 성취감과 흥미를 증가 시킬 수 있을 뿐만 아니라 부분 개작한 동시를 통해 동시를 창작할 수 있는 자신감을 가질 수 있다. 또한 동시의 의미가 달라지면 매우 재미있고 신선감이 있어서 유아의 동시에 대한 관심도 높아진다.

5. e-티칭 동시의 배경화면 재구성

e-티칭 동시를 활용한 동시수업 4단계는 개작한 e-티칭 동시에 대해 유아들과 함께 배경화면을 부분 혹은 전체적으로 재구성하는 활동이다. 즉 유아들이 개작한 동시 글의 내용에 맞게 기존에 있는 꼭꼭 숨은 도마뱀 배경화면을 새로 만들어 보는 것이다. 예를 들면 개작한 「꼭꼭 숨은 도마뱀」의 글 내용에 나뭇잎이 있는 곳에 동굴을 넣는다든가 또는 나무를 없애고 큰 토란잎을 넣는다든가 아니면 바위를 없애고 캥거루를 넣는다든가 하는 방식으로 교사가 유아들의 의견을 물어 유아들로부터 나온 아이디어로 배경화면을 의미있게 활동 중에 즉석에서 새롭게 재구성하는 활동이다.

개작한 「꼭꼭 숨은 도마뱀」 동시낭송, 녹음한 것 재생해서 들어 보기

「꼭꼭 숨은 도마뱀」 배경화면 재구성하기

그리고 개작한 동시와는 상관없이 원 동시의 글은 그대로 두고 유아들에게 새로운 배경화면을 만들어 보자고 제안하여 유아들의 아이디어로 색다른 분위기로 엮어 볼 수도 있다. 교사는 유아들에게 왜 그런 배경화면을 넣고 싶은지 이유라든가 동시와 어떤 점에서 어울리는지에 대해서도 의견을 물어 보도록 한다. 만약에 한 유아의 의견에 따라 만들어진 어떤 배경화면에 대해 어떤 유아가 의견를 제시하며 자신이 원하는 배경화면으로 바꾸자고 할 경우에는 2가지 배경화면으로 바꾸어서 어느 친구의 배경화면이 동시에 더 잘 어울리는지 유아들의 의견을 물어 다수결로 결정할 수도 있다. 동시의 배경화면을 재구성하는 과정을 통해 유아들은 색채의 다양한 느낌과 아름다움, 분위기, 동시 글 및 내용과 의미있는 배경화면의 선택 능력 등 정서적인 즐거움과 심미감을 갖을 수 있다.

6. e-티칭 동시의 배경음악과 작곡가 및 동시 작가

e-티칭 동시를 활용한 동시수업 5단계는 e-티칭 동시의 배경음악과 작곡가, 동시 작가에 대해 관심 가지기 활동이다. 즉 배경음악 작곡가 및 동시 작가가 누구이며 어떤 사람인지 알아보는 활동을 통해 동시 뿐만 아니라 자연스레 동시의 배경음악, 작곡가, 동시 작가 등 연관된 다른 영역으로 유아의 관심과 생각을 확장시켜 가도록 하는 것이다. 그러므로써 유아들이 동시를 중심으로 관련된 통합교육이 이루어지도록 한다.

배경음악곡명 · 작곡가동시 작가에 대해 관심가지기

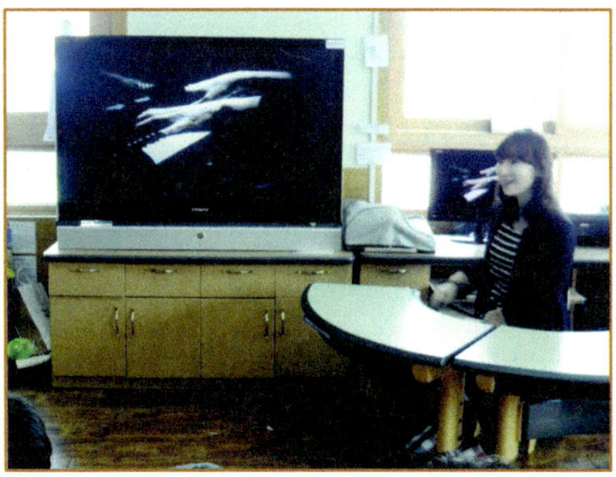

교사들은 e-티칭 동시의 배경음악곡명, 작곡가명, 동시 작가명에 대한 정보를 탐색하여 유아들과 공유하는 시간이 되어야 할 것이다. 이와 같이 동시를 통해 음악까지 유아가 관심을 갖게 되면 유아는 일상생활에서 동시와 음악을 함께 즐겨하는 생활과 태도를 지니게 될 것이다. 예를 들면 「뒤뚱 뒤뚱 신사」 e-티칭 동시를 듣던 한 유아는 여기에 나오는 배경음악 즉 일본의 히사이 시조가 작곡한 '키크지로의 여름' 음악을 듣고 자신이 라디오에서 자주 듣던 음악이 나와서 그 동시를 좋아한다고 하였으며, 누가 만들었느냐고 질문하였다. 유아들은 자신들이 들은 친숙한 음악이 나오면 민감하게 반응할 뿐 아니라 관련된 내용을 빨리 흡수하는 경향을 보인다. 또한 이것은 생활속에서 음악이 주는 즐거움과 기쁨을 이해하는 경험을 주며 음악곡명 및 작곡가, 동시 작가에 대한 관심을 증가 시킬 수 있다. 그러므로써 음악적 소양이나 동시와 같은 문학 및 예술에 대한 민감성을 기를 수 있다. e-티칭 동시수업 5단계에서의 유아와 교사의 상호작용 및 교수학습과정은 'e-티칭 동시 교육활동계획안'에 제시되어 있으니 참고하기 바란다.

7. 동시짓기와 e-티칭 동시 만들기

e-티칭 동시를 활용한 동시수업 6단계는 새로운 동시 제목을 정하여 동시짓기를 하고 이를 e-티칭 동시로 교사와 유아가 함께 공동으로 구상하여 완성하는 활동이다. 이는 동시의 글이 짧고 내용이 간단한가 아니면 동시 글이 길고 내용이 많으냐에 따라 2~4회로 나누어 동시수업을 하는 것이 바람직하다. 즉 1~2회는 동시짓기 및 낭송을 하고 녹음하며 3~4회는 배경화면 및 배경음악을 유아와 교사가 협력하여 TV 모니터나 스크린을 유아와 함께 의견을 주고 받는 상호작용을 하면서 완성한다.

아이디어의 제시나 선택 및 결정은 유아가 주로 하지만 교사는 유아의 의견 및 선택, 결정에 따라 바로 수업중에 즉석에서 민첩하게 컴퓨터 파워 포인트 프로그램이나 포토샵을 활용하여 유아들과 함께 재미있는 e-티칭 동시를 완성한다. 그러므로 교사는 파워 포인트 프로그램에 대한 전체적인 지식이나 기능은 조작 및 활용하지 못하더라도 e-티칭 동시를 만드는데 필요한 몇 가지 기초적인 기능은 익숙하게 알고 있어야 한다. 이것은 그리 어렵지않다. 파워 포인트 프로그램을 전혀 알지 못하는 교사도 몇 가지 중요한 기초적인 기능만 익히고 있어도 e-티칭 동시 만들기를 충분히 수행할 수 있다.

이 6단계 동시수업의 동시짓기 및 e-티칭 동시 만들기를 위해 꼭 알아 두어야 할 파워 포인트 프로그램의 기능에 대해 'e-티칭 동시의 제작방법' 에서 간단명료하게 제시하였다. 이를 토대로 교사 개인별로 연습한다면 단 시간에 익숙하게 e-티칭 동시를 제작할 수 있다. 유아와 교사의 상호작용은 뒤에 기술된 'e-티칭 동시 교육활동계획안' 에 제시되어 있으니 참고하기 바란다.

그리고 교사는 동시 작가에 대해서도 이해할 수 있도록 이야기나누기를 하고 동시 작가가 누구인지 알도록 정보 및 부언 설명을 하거나 유아들을 통해 이끌어 내어본다. 그리고 미상인 경우 동시 중에 누가 지었는지 알 수 없는 동시들도 있다고 말해 주고 그런 경우를 어려운 말로 작가미상이라고 한다고 알려 준다. 또한 e-티칭 동시는 장차 유치원 교사가 될 대학생들이 교수와 함께 동시를 재미있고 즐겁게 접할 수 있도록 컴퓨터로 유아들을 위해 만들었다는 것을 설명해 준다.

8. e-티칭 동시수업 교육활동계획안

지금까지 e-티칭 동시수업의 실제에 대해 6단계로 나누고 다양한 동시수업 유형과 교수학습 과정을 간략하게 설명하였다. 이 장에서는 유아교사가 e-티칭 동시수업을 유아교육 현장에서 적용하는데 도움이 되도록 구체적인 교육활동계획안을 예시하고자 한다.

6개의 교육활동계획안에 기초하여 유아교사 여러분들은 각자 자신의 창의적인 아이디어를 첨가하여 더 흥미있고 효과적이며 새로운 동시수업 교육활동계획안을 작성하여 유아교육 현장에서 획기적이고 흥미진진한 동시수업을 진행할 수 있기를 바란다. 6단계에 따른 동시수업 유형별 교육활동계획안을 예시하면 다음과 같다.

1) 교육활동계획안 : 동시 감상 및 낭송

일시	○○○○.○○.○○	대상	유치원 (만 5세)	지도교사	○○○
활동 주제	꼭꼭 숨은 도마뱀			활동유형	동시 감상 및 낭송
학습 목표	• 동시 내용과 의미, 행과 연에 대해 안다. • 동시를 감상하고 생각과 느낌을 표현한다. • 동시에 대한 흥미와 낭송하는 즐거움을 느낀다.				

단계	활동요소	교수학습 활동	★ 자료 ● 유의점
도입	학습 분위기 조성 흥미유발	⊙ '작은 동물원' 노래를 부르며 학습 분위기를 조성한다. ⊙ 퍼즐 수수께끼를 통해 흥미를 유발시킨다. T : 선생님의 우리 친구들이 좋아하는 동물의 사진을 가지고 왔어요. 누가 나와서 사진 퍼즐을 맞춰 볼까요? C : 제가 해볼래요. T : 잘했어요. 친구들아, 이 동물 친구는 누구인가요? C : 도마뱀이요. T : 그래요. 도마뱀 친구가 어제 선생님한테 재미있는 놀이를 했어요. 그 놀이를 우리 친구들에게 소개하고 싶다고 해서 선생님이 동시로 만들어 왔어요. 자, 한 번 들어볼까요? C : 네	★ 사진 자료 ● 수수께끼를 통해 흥미를 느낄 수 있도록 지도한다.
전개	동시 감상	⊙ 동시를 감상한다. T : '꼭꼭 숨은 도마뱀' 동시를 감상했는데 느낌이 어땠나요? T : 누가 나와서 친구들에게 자신의 느낌을 말해 볼까요? C : 저는 도마뱀 친구가 꼭꼭 숨은 것을 보고 5살 때 친구랑 숨바꼭질 했던 것이 생각났어요. T : 그랬구나, 우리 ㅇㅇ가 5살 때 숨바꼭질 한 것처럼 이 도마뱀도 어떤 놀이를 하고 있나요? C : 숨바꼭질 놀이요. T : 그래요. 도마뱀이 이렇게 나와서 어디로 숨었나요? C : 나뭇잎으로요. T : 나뭇잎에서 또 어디로 숨었나요? C : 나무 뒤로 숨었어요. T : 그래요. 그럼 나무 뒤에서 또 어디로 꼭꼭 숨어 버렸나요? C : 바위 밑에요. T : 우리 친구들은 도마뱀이 꼭꼭 숨어 있었는데 어떻게 알 수 있었나요? C : 꼬리가 보였어요. 머리가 보였어요 T : 맞아요 도마뱀이 우리 친구들이 찾을 수 있도록 힌트를 줬어요. T : 그럼 숨바꼭질을 하는 친구가 도마뱀인 것을 어떻게 알았나요?	★ 동시 PPT 자료 ● 동시 감상 후 자신의 느낌과 생각을 자신있게 말할 수 있도록 지도한다.

		C : 도마뱀이 고개를 내밀 때 알 수 있었어요. T : 그랬구나.	
	-동시 낭송	⊙ 동시를 낭송한다. T : 재밌는 '꼭꼭 숨은 도마뱀'동시를 우리 친구들도 함께 읽어볼까요?	● 동시 낭송하는 것을 어렵게 느끼지 않도록 지도한다.
	-행과 연	⊙ 행과 연을 이야기 한다. T : 동시에서는 행과 연이라는 것이 있는데 어떤 것 인지 아는 친구 있나요? C : 몰라요. T : 이렇게 '도마뱀아 도마뱀아' 하고 우 리 친구들이 숨을 쉬지요? 이렇게 동시 한 줄을 행이라고 해요. C : 그럼 연은 뭐에요? T : 연은 행이 한 묶음으로 모여져 있는 것을 연이라고 해요. 그럼 여기서 1연은 몇 줄까지 해당 할까요? C : 3줄 까지요 T : 그럼 3줄은 다른 말로 동시에서는 뭐라 고 부르나요? C : 3행요. T : 우리 친구들이 잘 알고 있네요. 그럼 우리 친구들이 동시낭송이 나오면 함께 맞추어서 따라 읽도록 해요. ⊙ 1행씩 번갈아 가면서 낭송한다. ⊙ 1연씩 번갈아 가면서 낭송한다. T : 1연씩 번갈아 가면서 읽었는데 그럼 이번에는 어떻게 읽어볼까요? C : 여자친구들이 1연 읽은 다음 남자친구들이 1연을 읽어요. T : 정말 좋은 생각이에요. 그럼 제목은 선생님이 큰 소리로 읽어 줄게요. ⊙ 낭송에 대해 이야기 한다. T : 우리 친구들이 오늘 선생님과 어떤 동시를 읽었나요? C : '꼭꼭 숨은 도마뱀'이요! T : 이렇게 친구들의 예쁘고 아름다운 목소리로 동시를 읽는 것을 낭송이라고 해요. 또 읊는다고 해요.	

마무리	느낀점 이야기 하기	⊙ 동시 감상 및 낭송을 마치고 느낀 점에 대해 이야기 나눈다. T : 선생님과 오늘 이렇게 동시 감상과 낭송을 해보았는데 어땠나요? C : 재밌었어요. T : 어떤 점이 가장 재밌었나요? C : 저는 도마뱀이 숨은 것이 가장 재밌었어요. T : 그럼 우리 친구들 선생님과 동시를 배우면서 아쉬웠던 점이 있나요? C : 동시를 낭송하면서 율동도 해보고 싶어요. T : 정말 좋은 생각이구나. 그럼 내일은 '꼭꼭 숨은 도마뱀' 동시를 감상하면서 손으로 표현해 보도록 해요	● 감상 및 낭송을 마치고 느낀 점을 말 할 수 있도록 지도한다.
평가	평가하기	• 동시내용을 이해하는가? • 동시의 행과 연을 알 수 있는가? • 동시를 감상하고 생각과 느낌을 표현할 수 있는가?	

2) 교육활동계획안 : 손유희 및 신체표현

일시	○○○○.○○.○○	대상	유치원 (만 5세)	지도교사	○○○
활동 주제	꼭꼭 숨은 도마뱀			활동유형	손유희 및 신체표현
학습 목표	• 동시를 손과 신체를 이용하여 창의적으로 표현한다. • 동시제목에 대해 안다. • 동시 낭송을 손유희 및 몸 동작과 연결하여 적절한 높낮이와속도를 조절하면서 즐겁게 활동한다.				

단계	활동요소	교수학습 활동	★ 자료 ● 유의점
도입	학습 분위기 조성 흥미 유발	⊙ '꼭꼭 숨은 도마뱀' 동시를 감상하면서 학습 분위기를 조성한다. ⊙ 손으로 도마뱀을 표현하는 사진을 보며 흥미를 유발시킨다. T : 친구들아, 손으로 지금 어떤 동물을 표현하고 있어요. 이 동물은 누구일까? C : 도마뱀이요. T : 맞아요. 우리 친구들 어제 선생님과 배운 동시의 제목 무엇이었나요?	★ 사진 자료 ● 사진 자료를 통해 흥미를 느낄 수 있도록 지도한다.

		C : '꼭꼭 숨은 도마뱀이요.'	
전개	손유희로 표현하기	⊙ 손유희로 표현해 본다. T : 맞아요. 오늘은 우리 친구들도 꼭꼭 숨은 도마뱀 동시를 손으로 표현해 보도록 해요. C : 우와, 재밌겠다! T : 그럼 '꼭꼭 숨은 도마뱀' 제목은 어떻게 표현해 볼까요? T : 누가 나와서 한 번 해볼까요? (유아가 앞으로 나와 1행씩 손으로 표현해본다.) T : 그래요 그럼 꼭꼭 숨은 도마뱀이 나올 때마다 이렇게 표현하면 좋겠네요. T : 또 다른 생각있나요? C : 저는 이렇게 해보고 싶어요. T : 그것도 좋은 생각이에요. 그럼 우리 친구들은 꼭꼭 숨은 도마뱀이 나올 때 어떻게 표현해보는 것이 좋을까요? C : 제목은 ○○이가 말한 것처럼 하고 다른 부분은○○이가 말한 것처럼 해요. T : 그래요. 그럼 이 부분은 어떻게 표현하면 좋을까요? ⊙ 유아들이 생각한 손유희를 동시에 맞춰 표현해 보도록 한다. T : 자, 우리 친구들이 멋지게 손으로 표현했네요. 선생님이 동시를 들려 줄게요. 동시에 맞춰서 손으로 표현해 보도록 해요.	● 동시 감상 후 자신의 느낌과 생각을 손으로 표현할 수 있도록 지도한다. ● 동시낭송과 손유희를 연결하여 높낮이와 속도를 자연스럽게 조절하면서면서 동시낭송을 하도록 지도한다. ● 손으로 따라하는 것을 어려워 하지 않도록 교사가 적절히 지도한다.
마무리	느낀점 이야기 하기	⊙ 손유희를 마치고 느낀 점에 대해 이야기 나눈다. T : 오늘은 어제 배운 동시를 어떻게 표현했나요? C : 손으로 이렇게 표현해 보았어요. T : 그래요. 어땠나요? C : 정말 즐거웠어요. T : 우리 친구들, 그럼 아쉬운점이 있나요? C : 저는 몸으로도 표현해보고 싶은데 손으로만 표현해서 아쉬웠어요. T : 그랬구나. 그러면 모둠으로 돌아가 우리친구들이 몸으로 표현해 볼까요?	● 표현활동을 마치고 자신의 생각과 느낌을 이야기 한다.
평가	평가하기	• 동시를 손과 신체로 표현할 수 있는가? • 동시의 행과 연을 알 수 있는가? • 동시에 관심 가질 수 있는가?	

확장 활동	소집단 활동	※대집단 활동을 마치고 소집단 활동(신체표현, 책만들기, 그림그리기 등)을 해본다.	

3) 교육활동계획안 : 동시 개작 및 녹음

일시	○○○○.○○.○○	대상	유치원(만 5세)	지도교사	○○○
활동주제	꼭꼭 숨은 도마뱀			활동유형	동시 개작 및 녹음
학습목표	• 동시에 자신의 생각을 적절하게 삽입하여 새로운 동시로개작할 수 있다. • 개작한 동시를 말의 높낮이와 속도를 조절하여 낭송할 수 있다. • 개작한 동시낭송을 녹음하고 재생하여 감상하면서 동시에 대한 즐거움과 친숙감을 느낀다.				

단계	활동요소	교수·학습 활동	★ 자료 ● 유의점
도입	학습 분위기 조성 흥미유발	⊙ '꼭꼭 숨은 도마뱀' 동시를 손유희로 표현하면서 학습 분위기를 조성한다. ⊙ 동시 속의 사라진 글자를 보면서 흥미를 유발시킨다. T : 친구들아, 선생님과 배운 꼭꼭 숨은 도마뱀 동시의 내용을 잘 기억하고 있나요? C : 네! 동시 속의 글자가 사라져 버렸네요. T : 맞아요.	★ PPT자료
전개	동시 개작	⊙ 부분적으로 동시를 개작해 본다. T : 도마뱀이 등장하여 어디로 숨었었나요? C : 나뭇잎이요. T : 맞아요. 그런데 이번에는 우리 친구들이 도마뱀이 다른 곳으로 숨도록 도와 줄까요? C : 네. T : 어디로 숨으면 좋을까? C : 동굴속이요. T : 좋은 생각이에요. 그러면 여기 여기 동굴속으로 숨었지로 바꿀게요. T : 다음에는 어디로 숨을까요? C : 커다란 토란잎이요. T : 네, 토란잎이 크고 초록색이어서 도마뱀이 숨기에 좋겠네요. 그럼, '나무 뒤'를 지우고 '커다란 토란잎'으로 바꿉니다. 다음 '바위 밑' 대신에 무엇으로 바꾸면 좋을까요?	● 동시 개작에 어려움이 없도록 적절하게 교사가 개입하여 지도한 다. ● 개작하기 활동을 마치고 자신의 생각과

	-개작한 동시를 녹음 하기	C : '초록불 신호등'이요 T : 네, 아주 재미있는 생각이에요. '바위 밑에'를 '초록불 신호등에'로 바꿀게요 (부분 개작이 잘 이루어지면 1행씩 개작한다) ⊙ 1행씩 개작한다. T : 이번에는 우리 친구들이 꼭꼭 숨은 도마뱀이라고 적힌 빨간색 글씨를 어떻게 바꿔보면 좋을까요? C : (유아의 생각을 이야기한다.) T : 좋은 생각이에요 그럼, 선생님이 ---이렇게 ○○ 친구의 말처럼 바꾸도록 할게요. ⋮ (1행씩 개작이 끝나면 1연씩 개작해 본다) T : 우리 친구들이 동시를 이렇게 바꿔서 표현해보니 더욱 재밌는 동시가 되었네요. T : 그럼 조금씩 바꾼 동시의 연을 우리 친구들의 아름다운 목소리로 직접 녹음을 해볼까요? 누가 나와서 한 번 해볼까요? C : 저요! T : 그래요. 그럼 오늘은 우리 ○○이의 목소리를 녹음해보도록 하자. T : ○○이가 녹음한 것을 귀를 쫑긋하고 들어볼까요? C : 네!	느낌을 이야기한다
마무리	-느낀점 이야기 하기	⊙ 유아 목소리로 녹음한 동시를 감 상한 후 이야기 나누도록 한다. T : 오늘 선생님과 어떤 것을 해 보았나요? C : 동시를 바꾸고 녹음도 했어요. T : 그래요. 친구들 어땠나요? C : 재밌었어요. C : 저는 제 목소리가 나오지 않아 즐겁지 않았어요. T : 그랬구나. 그러면 우리 친구들 자유선택활동시간에 선생님이 동시를 다시 한 번 녹음 할 수 있도록 해 줄게요.	● 개작한 동시의 녹음, 재생 청취를 통해 동시에 대한 흥미, 자신감, 성취감을 느끼도록 지도한다.
평가	-평가하기	• 동시에 자신의 생각을 표현하여 개작할수 있는가? • 개작한 동시를 스스로 목소리를 조절하여 낭송 할 수 있는가? • 동시낭송 및 녹음, 재생 청취를 통해동시에 대한 자신감, 성취감 느끼는가?	

4) 교육활동계획안 : 배경화면 재구성

일시	○○○○.○○.○○	대상	유치원 (만 5세)	지도교사	○○○
활동 주제	꼭꼭 숨은 도마뱀			활동유형	배경화면 재구성
학습 목표	• 배경화면을 이해하고 필요성 및 효과에 대해 안다. • 자신의 생각을 삽입하여 배경화면을 새롭고 의미있게 재구성하는 활동에 참여한다. • 다양한 배경화면 재구성을 경험을 통해 사물, 색채, 어울림에 대한 심미감을 느낀다.				
단계	활동요소	교수·학습 활동			★ 자료 ● 유의점
도입	학습 분위기 조성 흥미유발	**⊙ 눈을 감고 친구들이 녹음한 동시를 감상하며 학습 분위기를 조성한다.** **⊙ 꼭꼭 숨은 도마뱀의 배경화면을 보면서 흥미를 유발시킨다.** T : 친구들아, 이 그림은 본 적 있나요? C : 네, 꼭꼭 숨은 도마뱀 동시에 나왔어요			★ PPT자료, 음성 녹음 자료
전개	배경화면 알아보기 배경화면 넣어보기	**⊙ 배경화면에 대해 이야기 나눈다.** T : 그래요. 이 그림은 왜 넣는 걸까요? C : 동시가 아름다워지기 위해서요. T : 그래 맞아요. 우리 ○○이 말처럼 이렇게 동시에 그림이 있으니까 어때요? C : 아름다워요. 예뻐요. T : 이렇게 동시가 아름답게 하기 위해 넣는 그림을 어려운 말로 배경화면 이라고 한대요. T : 만약 동시에 배경화면이 없다면 어떨까요? C : 동시가 아름답지 않을 것 같아요. 동시가 재미없을 것 같아요. T : 그렇구나. 선생님도 그렇게 생각해요. T : 그럼, 좀 더 아름다운 동시를 만들기 위해 '꼭꼭 숨은 도마뱀' 어떤 배경화면들을 넣으면 좋을까요? C : 하늘이 있었으면 좋겠어요. T : 왜 하늘 그림이 있었으면 좋겠나요? C : 항상 우리에겐 하늘이 있으니까 도마뱀에게도 하늘을 보여주고 싶어요 T : 너무 멋진 생각이에요.			● 여러 배경화면을 생각할 수 있도록 교사는 발문에 유의한다.

		(교사는 인터넷에서 친구들과 직접 하늘 배경을 찾아서 PPT에 그림을 삽입한다.) T : 자, 이렇게 ○○이 말대로 하늘 배경을 넣으니까 어때요? C : 더 아름다워 졌어요. T : 또 다른 생각있나요? C : 큰 나뭇잎이 배경화면이었으면 좋겠어요 T : 왜 나뭇잎이 배경화면이었으면 좋겠나요? C : 도마뱀을 본 적이 있는데 나뭇잎에 있었기 때문이에요. T : 그래요. 그러면 이번에는 선생님이 우리 ○○이를 위해서 나뭇잎을 그려 줄게요. (그림판을 열어 교사가 직접 나뭇잎을 그린다) T : 자, 이렇게 ○○이 말대로 나뭇잎을 그리니 어때요? C : 정말 도마뱀이 우리 ○○반으로 튀어나올 것 같아요. T : 배경화면을 넣으니까 정말 도마뱀이 살아 움직이는 것 같네요.	★인터넷, 그림판
마무리	느낀점 이야기 하기	⊙ 배경화면을 직접 넣은 생각과 느낌에 대해 이야기 나눈다. T : 오늘 선생님과 어떤 것을 해 보았나요? C : 배경화면을 넣어봤어요. T : 어땠나요? C : 너무 재밌었어요. T : 선생님도 너무 즐거웠어요. T : 배경화면을 만들어보면서 아쉬운점 있나요? C : 꼭꼭 숨은 도마뱀 말고 다른 동시도 만들어 봤으면 좋겠어요. T : 그래요. 그러면 내일은 우리 친구들이 직접 동시를 만들어 보기 전에 알아야 할 것을 선생님 이 알려줄게요. 그 다음에 멋진 동시를 만들어 봐요.	● 배경화면을 알아본 뒤 자신의 생각과 느낌을 이야기 할 수 있도록 지도한다.
평가	평가하기	• 배경화면에 필요한 그림을 표현할 수있는가? • 동시 속의 배경화면을 알 수 있는가? • e-티칭 동시에 관심 가질 수 있는가?	

5) 교육활동계획안 : 배경음악과 작곡가 및 동시 작가

일시	○○○○.○○.○○	대상	유치원 (만 5세)	지도교사	○○○
활동 주제	꼭꼭 숨은 도마뱀			활동유형	배경음악, 작곡가, 동시 작가
학습 목표	• 배경음악을 감상 한 뒤 자신의 느낌을 표현할 수 있다. • 배경음악의 작곡가와 동시 작가에 대해 관심을 가진다. • e-티칭 동시를 만드는데 동시 외에 필요한 것에 대해 이해한다. • 배경음악 작곡가, 동시 작가, e-티칭 개발자에 대해 고마운 마음을 갖는다.				
단계	활동요소	교수학습 활동			★ 자료 ● 유의점
도입	학습 분위기 조성 흥미 유발	⊙ 친구들이 만든 배경화면이 담긴 동시를 감상하면서 학습 분위기를 조성한다. ⊙ 눈을 감고 아쿠아 마린엠의 '종이 접기' 음악을 감상하며 주의 집중을 한다. T : 친구들아, 눈을 감고 음악을 들으면 머릿속에 도마뱀을 그려보도록 하자			★ PPT자료
전개	작곡가 알아보기	⊙ 배경음악의 작곡가에 대해 알아본다. T : 선생님이 들려준 음악을 들으니 어땠나요? C : 머릿속에서 도마뱀이 막 돌아다니고 기분이 좋아요. T : 선생님도 눈을 감고 음악을 들어보았는데 기분이 좋아졌어요. T : 이 음악을 언제 들어보았나요? C : '꼭꼭 숨은 도마뱀' 동시 감상할 때 들었어요 T : 맞아요. 음악을 만드는 사람을 작곡가라고 하는데 꼭꼭 숨은 도마뱀의 작가를 한 번 알아볼까요? T : 이 곡은 아쿠아 마린엠이라는 사람이 만든 종이접기라는 곡이래요. T : 이렇게 아름다운 음악을 넣어 동시를 만들어준 사람은 누구일지 한번 알아볼까요? C : 네 T : 이 사람은 도마뱀이 꼭 우리 유치원 친구들이 놀이터에서 숨바꼭질을 하는 모습 같아서 동시를 만들었어요			★ 사진자료
마무리		⊙ 작곡가와 작가를 알아본 뒤 느낀 점에 대해 이야기 나눈다.			

	느낀점 이야기 하기	T : 오늘 선생님과 우리 친구들이 어떤 사람을 알아보았나요? C : 음악을 만든 사람과 동시를 만든 사람이요. T : 이렇게 훌륭한 사람을 보니 어떤 생각이 들었나요? C : 나중에 커서 어린이들을 기쁘게 해주는 동시를 만드는 사람이 되고 싶어요. T : 우리 ㅇㅇ이는 동시 작가가 되고 싶구나 C : 저는 피아노로 음악을 만드는 작곡가가 되고 싶어요. T : 정말 멋진 생각을 했구나. 그러면 우리 친구들이 멋진 작가가 될 수 있도록 다음에는 동시를 함께 짓고 e-티칭 동시를 만들어 볼까요? C : 네 좋아요~	● 작곡가와 작가에 대해 알아본 뒤 자신의 생각을 이야기 할 수 있도록 지도한다.
평가	평가하기	• 배경음악을 감상 한 뒤 자신의 느낌을 표현할 수 있는가? • 배경음악의 작곡가와 동시 작가를 알 수 있는가? • e-티칭 동시에 관심 가질 수 있는가?	

6) 교육활동계획안 : 동시짓기 및 e-티칭 동시 만들기

일시	ㅇㅇㅇㅇ.ㅇㅇ.ㅇㅇ	대상	유치원 (만 5세)	지도교사	ㅇㅇㅇ
활동 주제	꼭꼭 숨은 도마뱀			활동유형	동시짓기, e-티칭 동시 만들기
학습 목표	• 자신의 생각을 표현하여 창의적으로 동시짓기를 할 수 있다. • 지은 동시를 e-티칭 동시로 만드는 과정에 대해 알 수 있다. • 동시짓기, 배경화면과 배경음악 선택, 동시낭송, 동시감상 등다양한 경험을 통해 e-티칭 동시를 만드는 즐거움을 느낀다.				

단계	활동요소	교수학습 활동	★ 자료 ● 유의점
도입	학습	⊙ 배경음악으로 자주 등장하는 이루마의 음악을 들으며	★ PPT자료

	분위기 조성 흥미유발	학습 분위기를 조성한다. ⊙ '꼭꼭 숨은 도마뱀'동시의 음성 녹음은 음소거로 설정하고 배경음악과 함께 낭송을 한다. T : 친구들아, 동시 낭송을 해 볼까요?	
전개	동시 짓기	◉ 동시 만들 주제를 정한다. T : 오늘은 우리 친구들이 동시의 작가가 되어 짧게 동시를 만들어보도록 해요. C : 우와, 재밌겠다. ⊙ 동시의 주제를 정한다. T : 무엇으로 동시를 만들까요? C : 공룡이요! T : 그래요 친구들이 좋아하는 공룡으로 동시를 만들어 볼까요?	
	e-티칭 동시 만들기	⊙ 동시의 제목을 정한다. T : 동시의 제목을 무엇으로 할까요? C : 내 친구 공룡이요 T : 그래요 좋은 생각이에요. (교사는 유아들이 생각한 동시의 제목, 내용을 즉석에서 PPT에 작성한다.)	★ 그림자료, ★ 인터넷, 사진자료,
	e-티칭 동시 만들기	⊙ 동시의 내용을 정한다. T : 어떤 내용이 들어가면 좋을까요? C : (유아들의 생각을 이야기 한다.) ⊙ 동시를 만들면서 넣고 싶은 그림 및 배경화면을 정한다. T : 그래요. (교사는 동시의 내용을 작성한다.) 정말 멋진 동시가 만들어 졌네요. 그럼 이--- 부분에서는 어떤 그림이 등장하면 좋을까요? C : 티라노 사우르스가 숲속에서 등장해요. T : 그럼 함께 공룡 그림을 찾아볼까요? (교사가 미리 그림 및 사진을 파일에 저장하거나 인터넷에서 함께 찾아본다) C : 3번째에 있는 공룡이 좋아요. T : 공룡이 나타나는 이 동시의 배경화면은 어떤 것이 좋을까요? C : 저번에 만들었던 것처럼 하늘도 나오고 숲속도나왔으면 좋겠어요. T : 그래요. 그러면 배경화면도 함께 찾아 볼까요?	● 유아들이 동시의 특징을 살려 만들 수 있도록 지도한다.

		C : 네 ⊙ 동시 낭송을 녹음하여 e-티칭 동시를 완성한다. T : 이제 동시를 완성하려면 어떤 것을 해야할까요? C : 우리가 동시를 낭송해야 해요. C : 음악이 있어야 해요. T : 맞아요. 그러면 동시를 누가 한 번 낭송해서 녹음을 해볼까요? C : 제가 해볼래요. (동시 녹음이 끝나면 다 함께 들어 본 뒤 알맞은 음악을 찾는다.) T : 자, 이제 동시가 완성됐네요. 이것은 우리 친구들이 만든 동시니까 작가를 누구라고 쓰면 좋을까요? C : ㅇㅇ반 친구들이요 T : 그래요 ㅇㅇ반 친구들 작가가 쓴 동시를 함께 감상해 볼까요? C : 네~	
마무리	느낀점 이야기 하기	⊙ 동시를 만든 뒤 이야기 나눈다. T : 친구들아 오늘 어떤 활동을 했나요? C : 동시를 만들어 보았어요. T : 그래요. 이렇게 우리 친구들이 직접 작가가 되어 동시를 만들어보니 기분이 어땠나요? C : 행복하고 즐거웠어요. T : 선생님과 오! 나의 친구라는 동시를 배울 때 선생님이 어떻게 우리 친구들에게 알려주었나요? C : 초록색 판에 글자를 붙여놓고 했어요. T : 그때 배웠던 동시와 지금 선생님과 컴퓨터로 함께 배운 동시와 어떤 점이 다른가요? C : 옛날에 배운 동시는 지루했지만 지금은 재밌어요. T : 어떤 점이 가장 재밌었나요? C : 도마뱀도 공룡도 움직이니까 재밌어요. T : 그랬구나. 맞아요. 이렇게 도마뱀 동시에서 도마뱀이 나뭇잎으로 숨으면 도마뱀 친구도 나뭇잎으로 숨으면서 움직이는 것을 보여주는 동시를 e-티칭 동시라고 한 대요. T : 앞으로 선생님과 더욱 재밌는 e-티칭을 알아보도록 해요~	
평가	평가하기	• 자신의 생각을 동시로 표현해 동시를 지을 수 있는가? • e-티칭 동시의 특징을 아는가?	

		• e-티칭 동시를 만드는 다양한 경험을 통해 e-티칭 동시에 흥미와 성취감을 느끼는가? • e-티칭 동시에 관심을 갖는가?	

Part. 03

e-티칭 동시의 제작 및 활용

1. e-티칭 동시의 제작방법
2. e-티칭 동시의 재생 및 배경화면 이해와 활용
3. e-티칭 동시 18편의 동시 글 · 그림 모음집

Part 03

e-티칭 동시의 제작 및 활용

e-티칭 동시의 제작은 파워 포인트 프로그램과 포토샵 프로그램을 이용하여 제작할 수 있다. 하지만 e-티칭 동시 제작에 사용되는 기능은 그리 많은 기능이 필요치 않다. 그러므로 e-티칭 제작에 꼭 필요한 몇 가지 기능만 익혀도 충분히 e-티칭 동시를 용이하게 제작할 수 있다. 이 장에서는 e-티칭 동시 제작에 필요한 파워 포인트 프로그램과 포토샵의 기초적인 기능과 제작이 간단한 기능부터 보다 복잡한 기능의 순서로 e-티칭 동시 5편의 제작방법 사례를 제시하고자 한다. 또한 제시한 기초적인 제작기능과 e-티칭 동시 5편의 제작방법 사례에 제시된 화면설명을 잘 이해하고 익히는 연습만으로도 교사들이 원하는 e-티칭 동시를 제작할 수 있다.

그리고 e-티칭 동시가 완성되면 유아의 발달 및 이해수준, 흥미에 맞게 적합하게 구성되었는지 종합적이고 세부적이며 다양한 측면에서 검토하여 미흡한 점을 수정 및 보완하여야 한다. e-티칭 동시를 제작할 때, 완성 후 검토사항을 염두하면서 여러 가지 기능 및 조작법을 신중하게 선택하고 결정해서 작업하면 많은 시행착오를 줄이고 신속하게 효과적으로 e-티칭 동시를 제작할 수 있다. e-티칭 동시가 완성 되었을 때 검토할 사항은 대체적으로 다음과 같다.

첫째, 유아 및 교사가 활용하기에 가장 쉽고 편리한 방법으로 e-티칭 동시가 제작 되었는지 검토해야 한다. 예를 들면 동시제목만 한번 클릭하면 모든 동시가 처음부터 끝까지 동시 글, 배경화면, 동시낭송이 적절하게 조절되어 진행되고 저절로 끝까지 마무리 되도록 시스템 장치를 간편하게 구성되도록 해야 한다. 클릭 횟수가 많게 되면 그만큼 활용에 번거롭고 부담이 되기 때문에 이를 한번 클릭으로 모든 것을 해결할 수 있도록 장치를 고려하는 것이 필요하다.

둘째, e-티칭 동시가 완성되면 동시낭송 속도 높낮이 음성의 적합성을 다시 한번 점검하고 검토하여 유아의 생각의 속도에 맞고 동시의 내용 이미지에 적합한 음성인지 점검하는 것이 필요하다. 예를 들면 동시 이미지는 밝은데 동시낭송 목소리는 소리도 작고 슬픈 분위기 및 기운이 빠지는 듯한 목소리로 녹음 되었다면 이는 모두 삭제하고 적합한 음성을 가진 목소리를

찾거나 연습하여 적합한 음성으로 만들어서 녹음해야 한다.

셋째, 동시 글이 1행 또는 1연이 왼쪽에 제시 되었다가 2행, 2연은 오른쪽에 제시된다거나 해서 혼란을 주고 시의 형식에 위배되는 배열은 아닌지 점검해야 한다. 동시 글의 배열 및 형식은 기본적으로 동시를 원고에 옮기는 것과 동일하게 일관되게 바르게 제시되어야 한다. 임의로 제작자가 동시 문장을 왼쪽에 제시했다 오른쪽에 제시해서 혼란을 주거나 동시 글의 형식 밑 구성을 유아들에게 잘못 이해하게 하는 오류를 범해서는 안 된다. 즉 동시를 배열할 때는 일정한 공간에 일정한 방향으로 연과 행을 일관성있게 구분해서 배열하는 것이 필요하다.

넷째, 동시 글을 배경화면의 그림이 가려서 잘 보이지 않거나 너무 많은 사물로 꽉 채운다거나 여러 가지 다양하고 화려한 색깔을 삽입하는 것은 유아를 위한 e-티칭 동시로 부적합하다. 즉 동시의 배경화면은 동시 제목이나 내용의 핵심 장면을 배경으로 구성하여 동시 글과 배경화면 그림이 상호보완적으로 잘 조화를 이루도록 해야 한다. 따라서 화면을 너무 빽빽하게 채운다거나 화면의 그림 색깔이 동시 글을 덮어 버려 무슨 글자인지 알 수 없게 되면 이는 동시의 주와 객이 바뀐 잘못된 구성이므로 수정해야 한다. 이 점을 유념하고 동시인 만큼 여백의 미도 살리고 동시의 화면 및 배경을 가능한 간단명료하고 함축적이고 단순하게 구성하여 동시 내용이 쉽게 빨리 들어오고 정서적으로도 좋은 영향을 줄 수 있어야 한다.

다섯째, 동시의 글과 동시낭송 속도가 연결이 잘 되어 진행되는지 꼼꼼하게 살펴 보아야 한다. 예를 들면 동시낭송은 이미 하였는데 동시 문장은 나중에 나온다든가 동시낭송과 동시 글이 동시에 동일한 시간에 나오는 것은 부적합하다. 동시낭송과 동시 글의 연결은 동시 글이 동시 낭송보다 1행씩 먼저 제시되고 동시낭송이 나오거나 또는 최소한 동시 글자보다 한 두단어나 3~4초 먼저 제시되면서 동시낭송이 나와야 적합하다.

여섯째, 동시낭송, 동시 글, 배경화면, 배경음악 이 4가지가 통합적으로 동시 내용과 의미에 맞게 잘 조화롭게 연결되어 e-티칭 동시가 진행되어야 한다. 꼼꼼하게 살펴보고 미비점을 보완하는 것이 필요하다.

일곱째, 동시의 글자 크기, 글씨체가 동시 내용과 이미지에 어울리는지 분석하여 어울리는 글씨체로 수정 및 보완해야 한다. 산만한 글씨체는 피해야 하며 글자 색깔도 1~2가지 선에서 사용하는 것이 유아에게 안정감과 집중력을 높일 수 있다. 깔끔하고 부드러운 글씨체, 스크린에 비췄을 때 쉽게 파악되는 뚜렷한 색깔과 적절한 글자 크기을 선택해야 한다. 보통은 검정, 파랑, 노랑을 주로 사용한다.

여덟째, 동시 제목이나 내용이 유아들의 이해수준 및 흥미에 부적합하다면 과감히 버리고 새로운 동시를 탐색하거나 직접 창작하여 유아에게 의미있는 동시로 새롭게 재구성한다.

e-티칭 동시 제작법을 기초적인 제작기능부터 제시하여 설명하고 다음에는 e-티칭 동시 5편의 제작방법 사례를 알기 쉽게 난이도가 낮은 것부터 높은 것 순서대로 컴퓨터에 보이는 화면을 제시하여 설명하고자 한다.

1. e-티칭 동시의 제작방법

1) 기초적인 제작기능 익히기

〈e-티칭 동시 제작을 위한 기초적인 기능〉

- 그림바탕 지우기
- 애니메이션 음향효과
- 음악재생
- 동영상 삽입 및 하이퍼 링크
- 원하는 그림을 배경으로 넣기
- 음악 녹음
- 동영상 검색 및 다운로드
- 캐릭터 움직이기

그림 바탕 지우기

예) 아래의 그림을 보면 개미집 사진과 개미 사진을 합쳤으나 개미 사진의 흰 배경 때문에 개미집이 가려지게 된다. 개미 사진의 바탕을 지우는 방법은 아래와 같다.

1. 포토샵에서 [열기]를 클릭하여 개미 사진을 열고 [자동 선택 도구(W)]를 클릭한 뒤 개미 사진의 흰 바탕을 클릭한다. 개미 주변의 흰 바탕에 점선이 생기면 [Delete]를 눌러 흰 배경을 지운다.

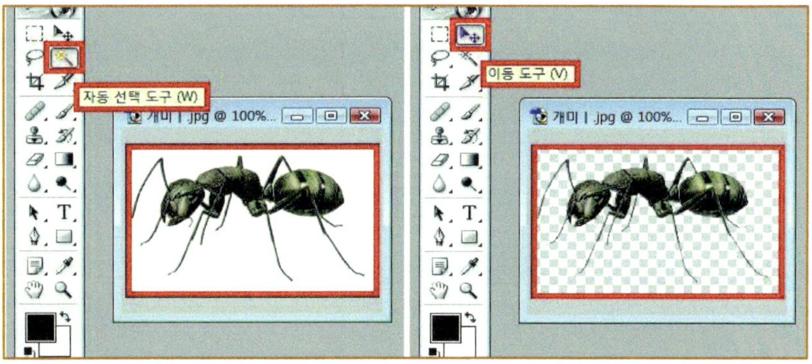

2. [이동 도구(V)]를 클릭한 뒤 개미 사진의 흰 배경을 삭제한 레이어를 개미집 사진으로 드래그하면 흰 배경이 지워진 것을 확인할 수 있다.

원하는 그림을 배경으로 넣기

1. 마우스 오른쪽을 클릭한 후 [배경 서식]을 클릭한다.

2. [채우기]-[그림 또는 질감 채우기]-[파일]을 클릭하여 원하는 사진 파일을 선택한다.

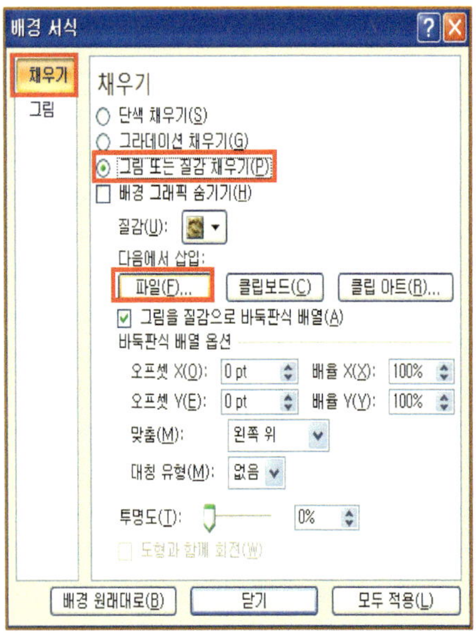

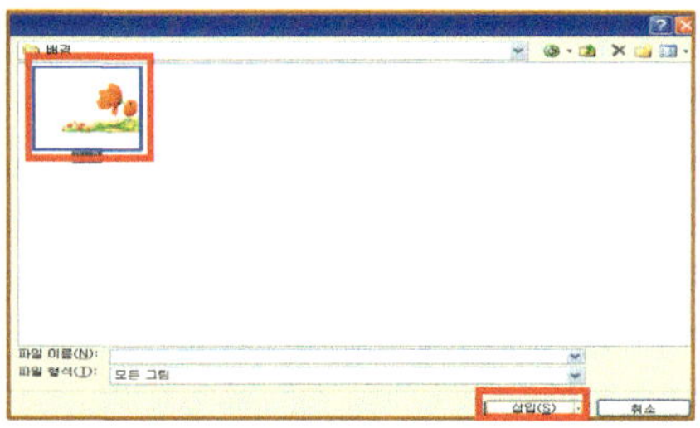

애니메이션 · 음향 효과

1. 애니메이션 효과를 주고 싶은 부분을 클릭, 메뉴에서 [애니메이션]을 클릭한 후 원하는 애니메이션 효과를 선택한다.

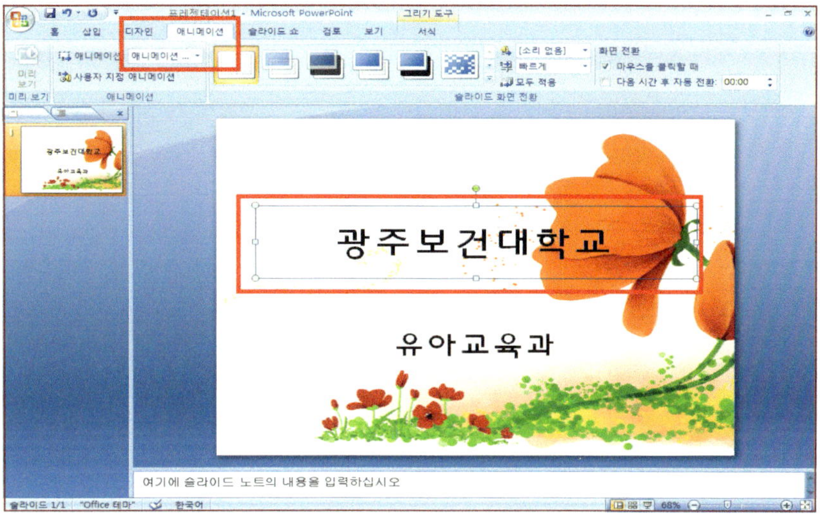

2. 음향 효과를 주고 싶은 부분을 클릭, 메뉴에서 [소리 없음]을 클릭하여 원하는 소리로 선택한다.

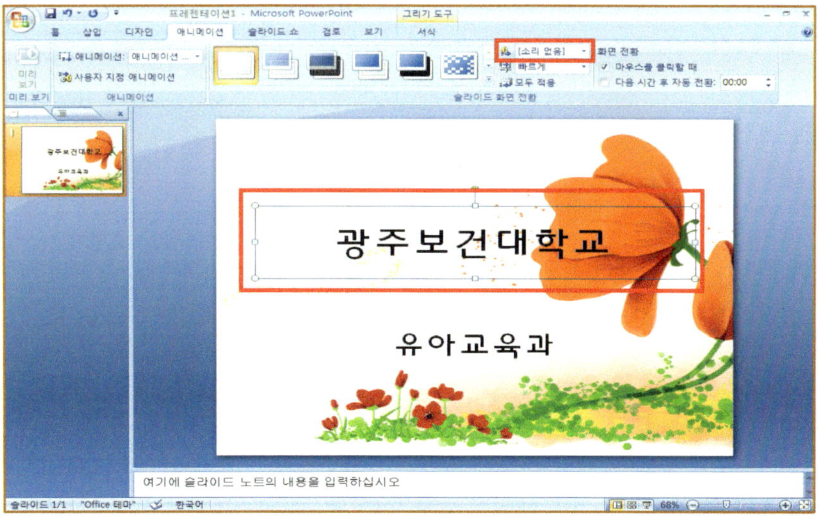

음악 녹음

1. 인터넷에 곰 녹음기를 검색하여 다운로드 한다.

2. 다운로드한 곰녹음기를 실행하여 빨간색 동그라미 버튼을 누르면 파일 이 름을 지정할 창이 나오면 파일 이름을 지정하면 자동으로 음성 녹음이 시작된다.

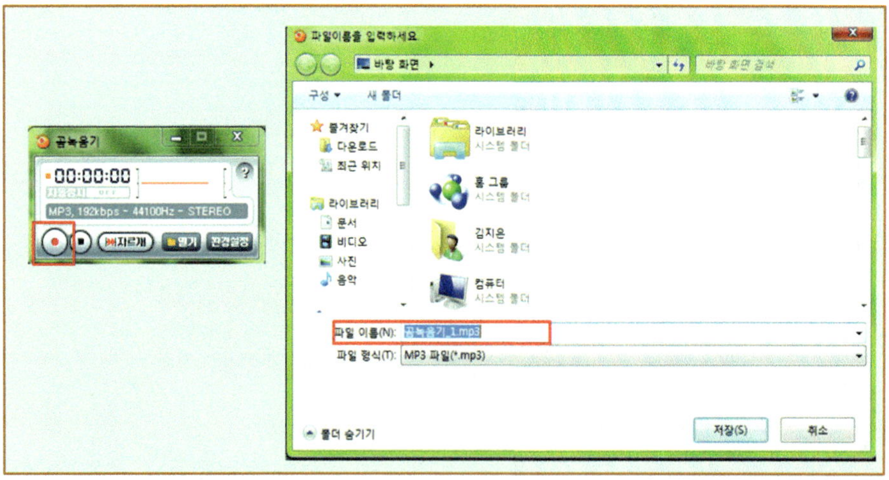

3. 음성 녹음을 끝낼 경우 검은색 네모 버튼을 누른다(음성녹음이 자동으로 저장됨).

4. 녹음한 음성을 재생하고자 할 경우, 저장한 녹음 파일을 더블클릭하면 된다.

음악 재생

1. 파워포인트 메뉴에서 [삽입] → [소리]를 클릭하여 원하는 음악파일을 선택 후 [확인]을 클릭한다.

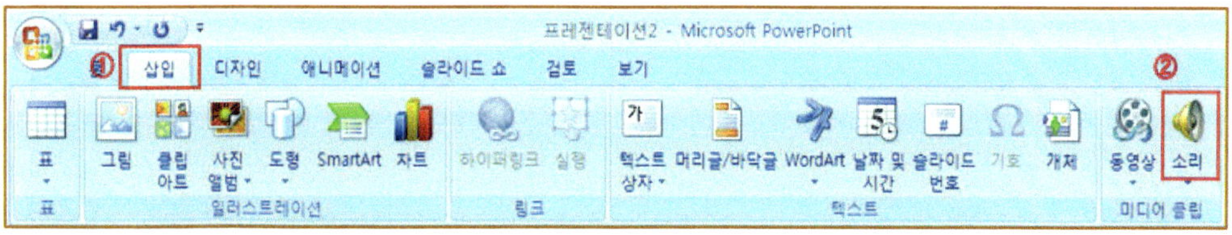

2. 자동실행과 클릭하여 실행 중 원하는 것을 선택한다.

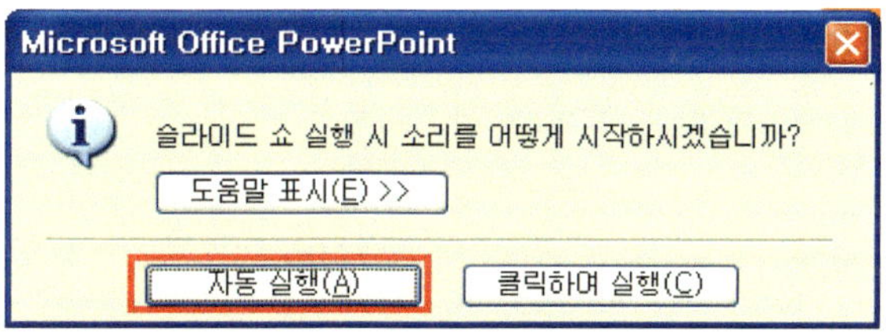

▶ **자동실행**
소리를 지정해놓은 슬라이드에서만 자동으로 소리가 나온다.

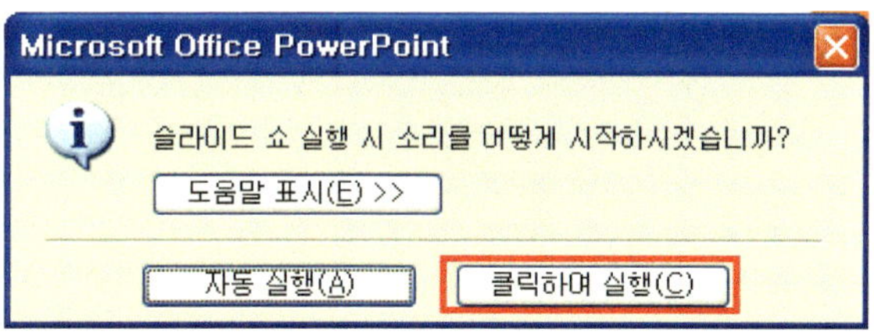

▶ **클릭하여 실행**
지정해 놓은 슬라이드에서버튼을  클릭을 하면 소리가 나온다.

3. 모든 슬라이드에서 음악이 나오게 하려면 메뉴에서 [소리도구]→[옵션]→{소리재생}→[모든 슬라이드에서 실행]을 클릭한다.

동영상 검색 및 다운로드

1. 원하는 동영상을 검색한 후 [링크] → [URL 주소]를 복사한다.

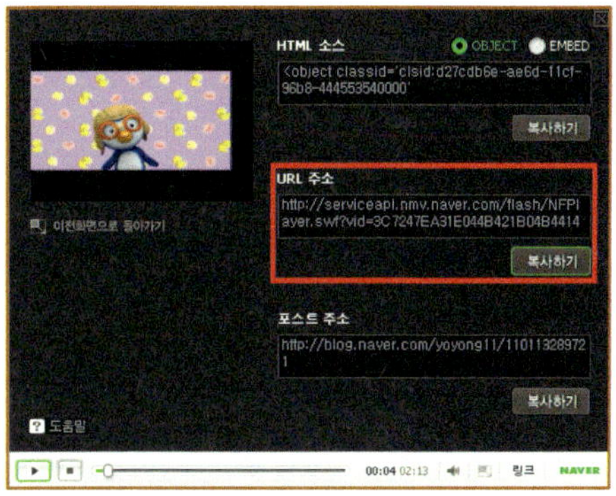

2. http : //www.2getflv.co.kr/사이트에 들어가 빈칸에 복사한 주소를 붙여넣기한 후 [검색]을 클릭하면 화면 밑 부분에 [위 제작권법에 동의하며 다운로드 합니다.]를 클릭한다.

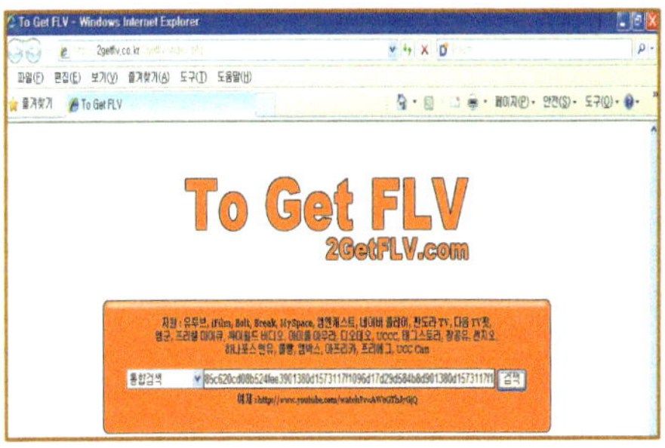

3. [Download Link1]을 클릭한 뒤 [파일 다운로드] → [저장]을 클릭한다.

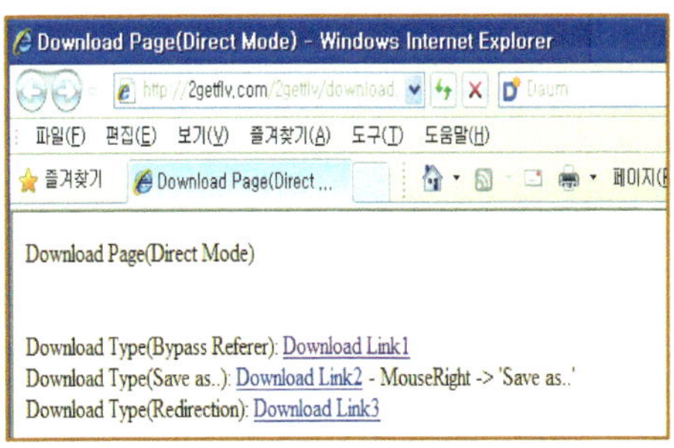

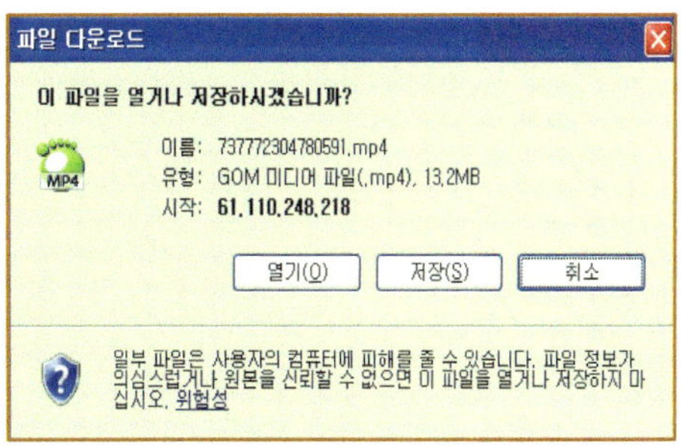

※ 동영상 변환기를 이용하여 동영상 파일을 변환시켜서 사용할 수도 있다.

동영상 삽입 및 하이퍼링크

1. [삽입]-[동영상]-[동영상 파일]을 클릭하여 원하는 동영상을 선택한다.

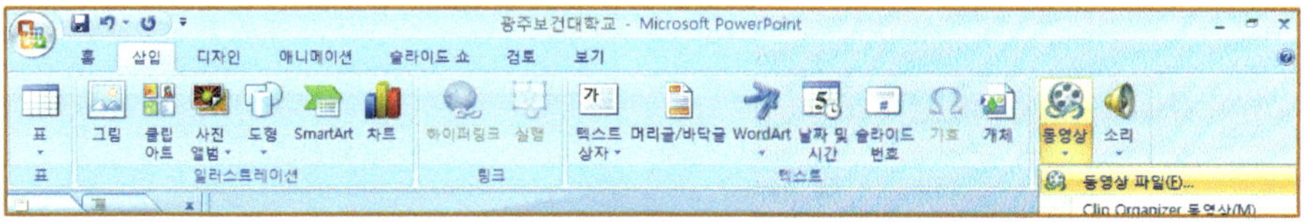

2. 자동실행과 클릭하여 실행 중 원하는 것을 선택한다.

▶ **자동실행**
동영상이 있는 슬라이드로 넘어가면 자동으로 동영상이 재생된다.

▶ **클릭하여 실행**
동영상 화면을 클릭하면 동영상이 나온다.

3. 동영상을 클릭하여 원하는 크기로 조절한다.

※ 작업한 PPT파일을 다른 곳으로 옮길 때 동영상과 함께 저장을 해야만 동영상이 재생된다.

4. 사이트에서 영상을 발견하였을 경우 사이트의 주소를 복사하여 슬라이드 글상자에 마우스 오른쪽 버튼→[하이퍼링크]를 클릭하여 사이트 주소를 [붙여넣기]를 한다. 쇼 보기를 했을 때 주소를 클릭하면 사이트로 연결된다.

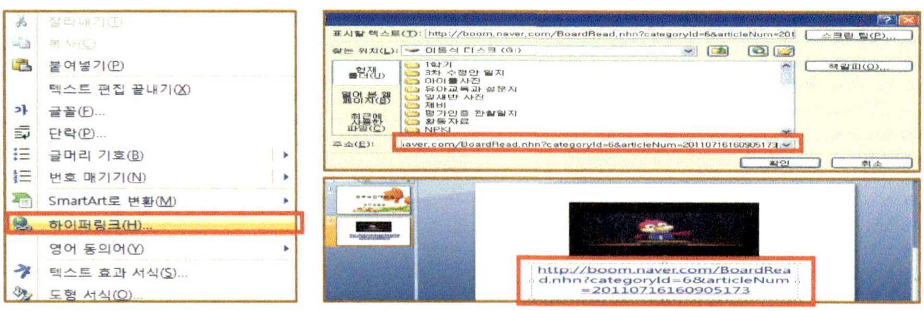

캐릭터 움직이기(사용자 지정 애니메이션)

1. 캐릭터를 위, 아래, 좌, 우, 대각선으로 움직이게 하려면 캐릭터를 클릭한 후 메뉴에서 [애니메이션] → [사용자 지정 애니메이션] → [효과적용] → [이동경로]를 클릭하여 원하는 움직임을 선택한다.

2. 자유로운 움직임을 하고 싶을 때에는 [이동경로] → [사용자 지정 경로 그리기] → [자유곡선]을 클릭하여 원하는 움직임을 선으로 그려주면 캐릭터가 그려진 선대로 움직인다.

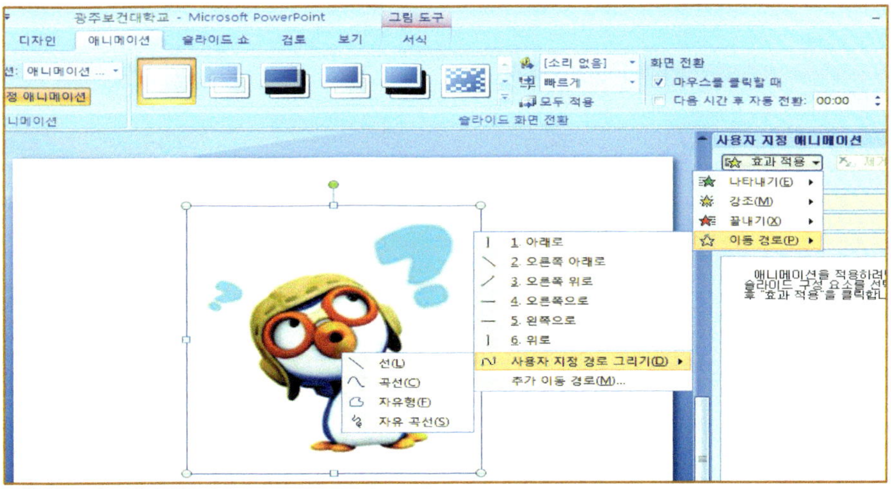

2) 제작방법 사례 1 : 「보름달」

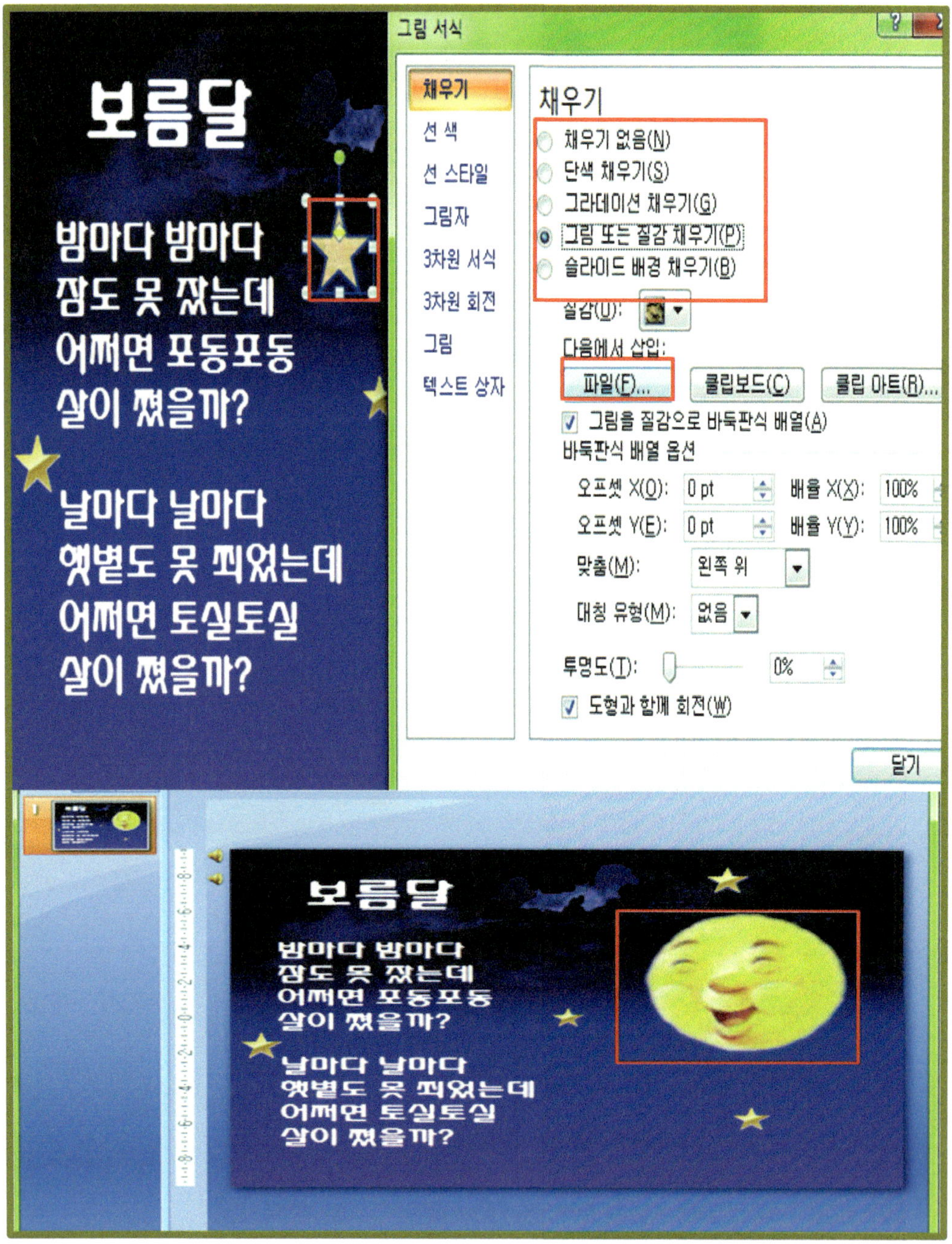

PPT 슬라이드 장면	제작방법

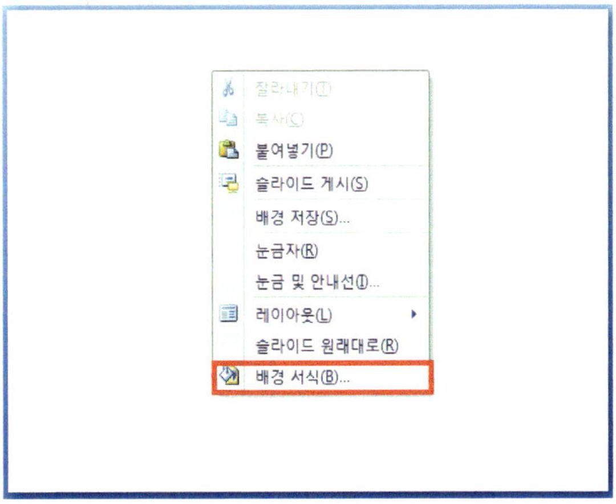

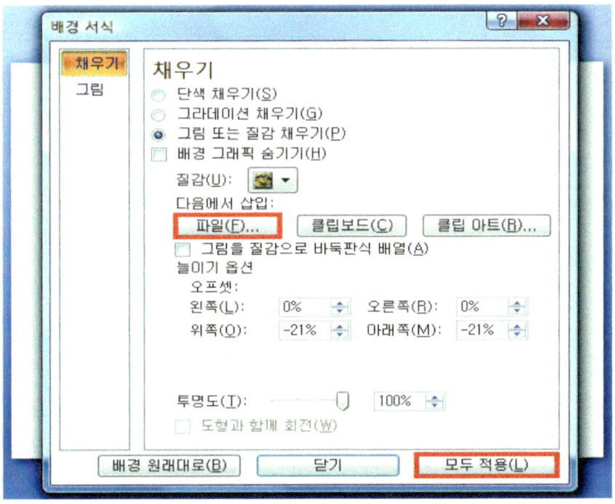

■ 배경 삽입

- 슬라이드 빈 화면에서 마우스 오른쪽 버튼을 클릭하여 배경 서식을 선택한다.

- 배경 서식 창에서 [채우기] → [파일(F)]을 클릭한다. 원하는 그림 또는 사진 파일을 선택한 후, 확인을 누른 뒤, [모두 적용(L)]을 눌러 슬라이드에 배경을 삽입한다.

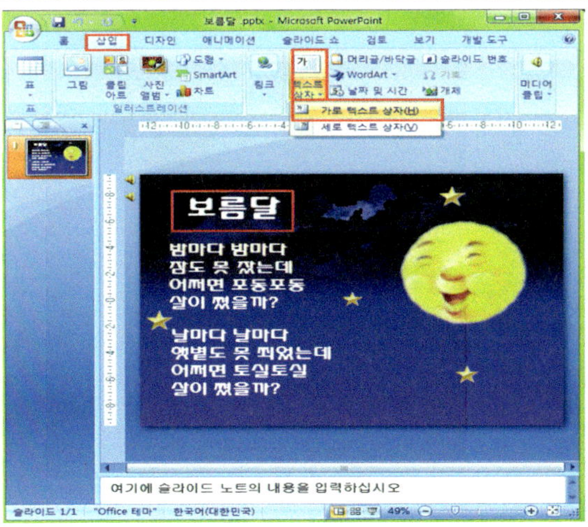

■ 글 삽입

- 상단의 메뉴 바에서 [텍스트상자] → [가로 텍스트 상자그리기]를 클릭하여 글상자를 만든다.

- 동시 제목, 동시 한 소절 각각 다른 텍스트 상자를 삽입한 뒤, 글을 넣는다.

PPT 슬라이드 장면	제작방법
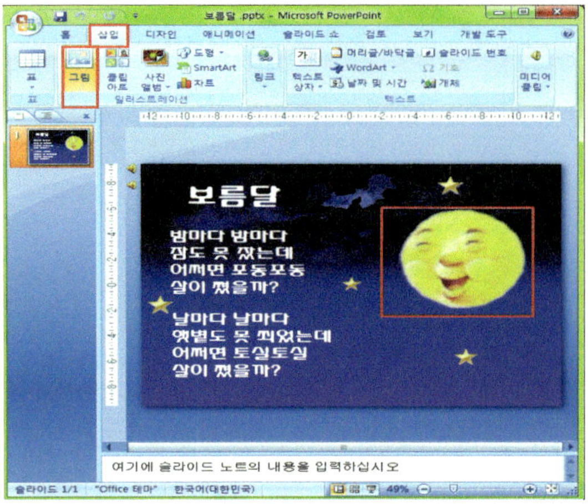 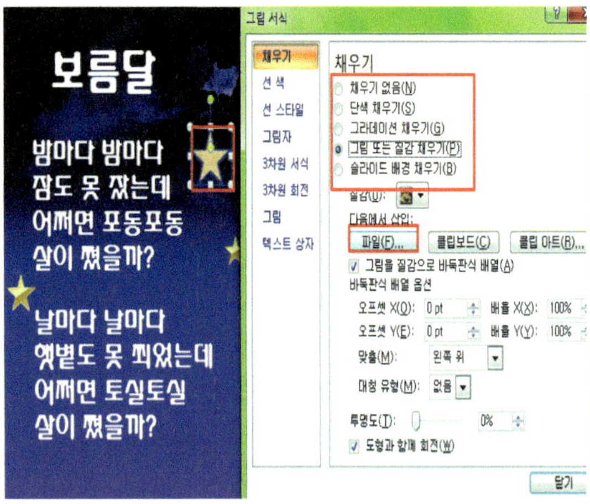 	■ **그림 또는 사진 삽입** 상단의 메뉴 바에서 [그림]을 클릭 하여 원하는 그림 또는 사진을 삽입한다. 삽입된 그림 또는 사진을 클릭하면 테두리가 생기게 된다. 이 때 테두리를 마우스 왼쪽 버튼으로 누른 채 움직여 크기를 조절한다. 크기를 조절한 후 그림 또는 사진을 마우스 왼쪽 버튼을 누른 채, 드래그 하여 원하는 위치로 옮긴다. ※ 파워포인트의 도형을 삽입하여 자신이 원하고자 하는 색이나 질감을 넣고자 할 때 상단의 메뉴에서 [삽입] → [도형]을 클릭하여 도형을 삽입한 후 마우스 오른쪽 버튼을 눌러 그림서식에서 원하는 채우기를 한다
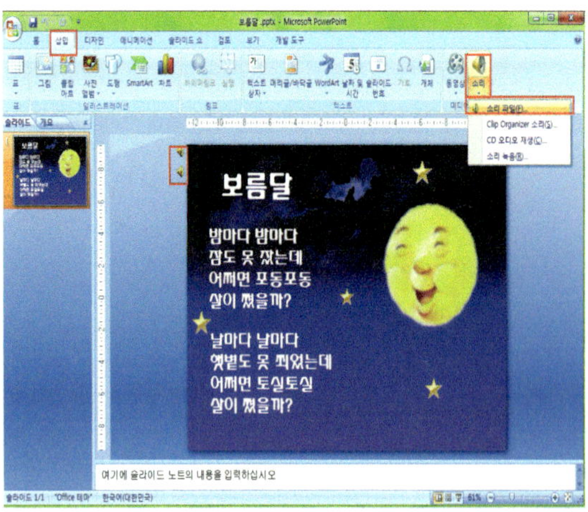 	■ **소리 삽입** 상단의 메뉴 바 좌측에서 [소리]를 클릭하여 동시의 배경음악과 녹음 파일을 삽입한다. 소리 파일 그림을 넣고자 하는 위치로 이동하여 놓는다. ※ 작업한 PPT파일을 다른 곳으로 옮길 때 소리와 함께 저장을 해야만 소리가 재생된다.

PPT 슬라이드 장면	제작방법
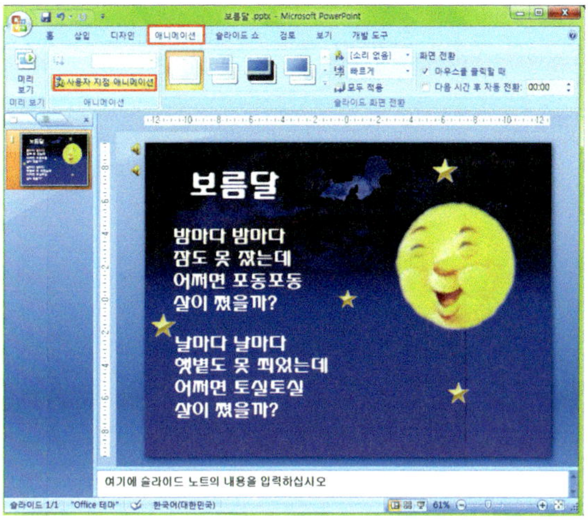	**■ 애니메이션 효과** 상단의 메뉴 바에서 [애니메이션] → [사용자 지정 애니메이션]을 클릭한다.
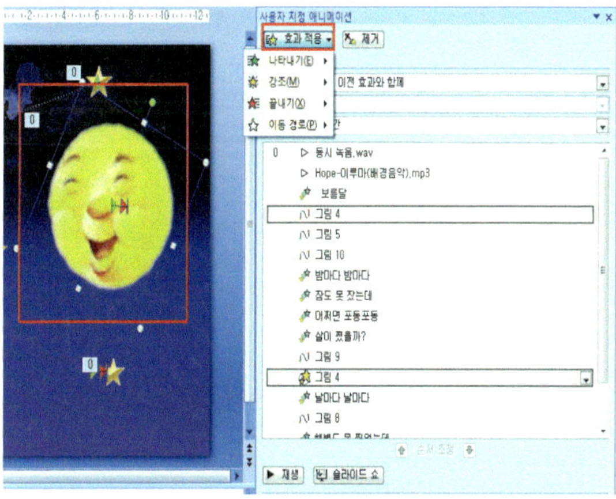	움직임을 넣을 그림 또는 사진을 클릭한 다음 우측의 컨트롤 박스에서 [사용자 지정 애니메이션] → [효과적용]을 클릭하여 주고자 하는 효과를 넣는다.
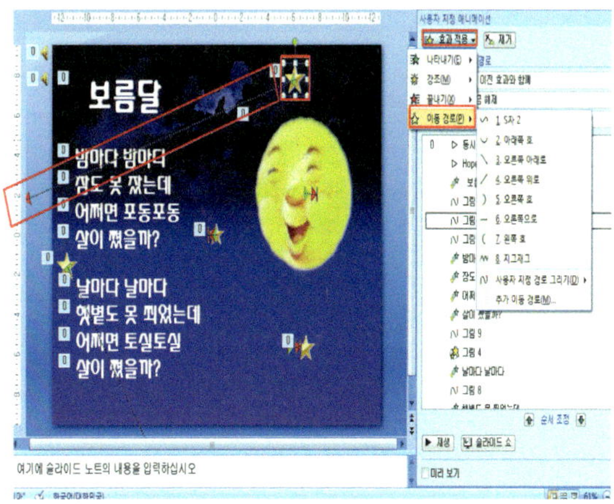	효과를 넣을 그림을 클릭한 다음 우측의 컨트롤 박스에서 [사용자 지정 애니메이션] → [이동경로(P)]를 선택한다.

PPT 슬라이드 장면	제작방법
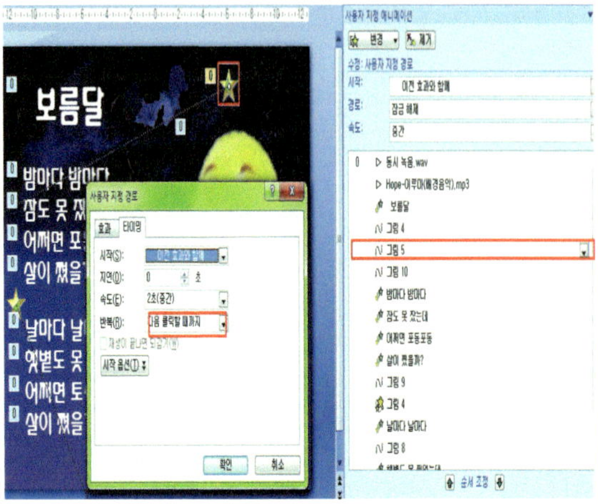	※ 별이 같은 움직임으로 반복을 하고자 할 경우 원하고자 하는 애니메이션 효과를 마우스 오른쪽 버튼을 클릭하여 [반복(R)]에서 다음 클릭할 때까지로 설정한다.
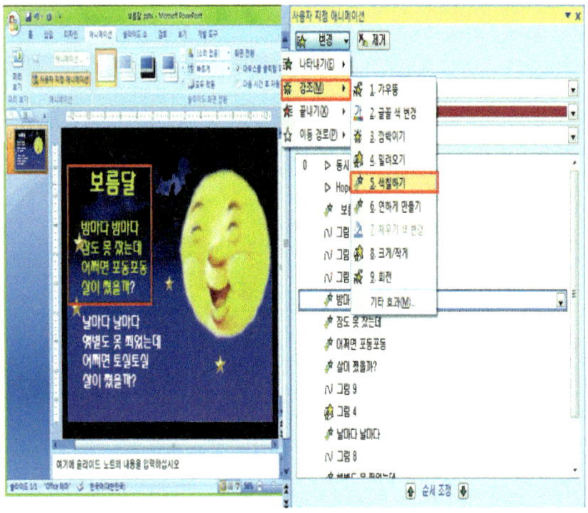	화면의 텍스트 상자를 클릭하고 우측 상단의 [사용자 지정 애니메이션] → [효과 적용] → [강조(M)]에서 색칠하기 효과를 주고 색은 노란색으로 지정한다(색은 자신이 원하고자 하는 색으로 지정한다).
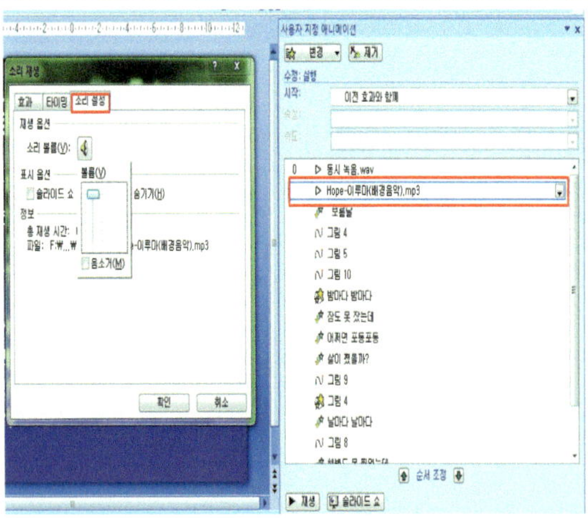	■ **볼륨 조절** 동시 배경음악이나 음성 녹음파일을 클릭한 뒤 마우스 오른쪽 버튼을 클릭한다. [효과 옵션(E)] → [소리 설정]에서 볼륨을 조절한다.

PPT 슬라이드 장면	제작방법
	■ 검토 및 수정 · 보완 완성된 e-티칭 동시를 작동시켜 본 후, 바꾸거나 추가할 내용이 있다면 수정 · 보완하여 마무리 한다.

3) 제작방법 사례 2 : 「거북이」

PPT 슬라이드 장면	제작방법
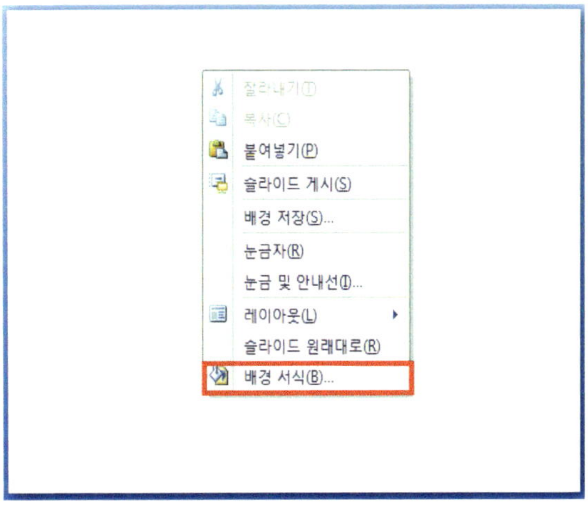	**■ 배경 삽입** 슬라이드 빈 화면에서 마우스 오른쪽 버튼을 클릭하여 배경 서식을 선택한다.
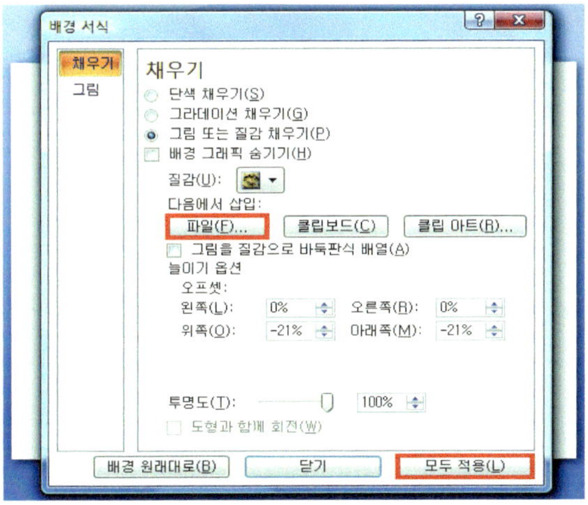	배경 서식 창에서 [채우기] → [파일(F)]을 클릭한다. 원하는 그림 또는 사진 파일을 선택한 후, 확인을 누른 뒤, [모두 적용(L)]을 눌러 슬라이드에 배경을 삽입한다.
	**■ 글 삽입** 상단의 메뉴 바에서 [텍스트 상자] → [가로 텍스트 상자 그리기]를 클릭하여 글 상자를 만든다. 동시 제목, 동시 한 소절 각각 다른 텍스트 상자를 삽입한 뒤, 글을 넣는다.

PPT 슬라이드 장면	제작방법
	■ **그림 또는 사진 삽입** 상단의 메뉴 바에서 [그림]을 클릭하여 원하는 그림 또는 사진을 삽입한다. 사진 크기 조절을 할 경우 삽입된 그림 또는 사진을 클릭하면 테두리가 생기게 된다. 이때 테두리를 마우스 왼쪽 버튼으로 누른 채 움직여 크기를 조절한다. 크기를 조절한 후 그림 또는 사진을 마우스 왼쪽 버튼을 누른 채, 드래그 하여 원하는 위치로 옮긴다.
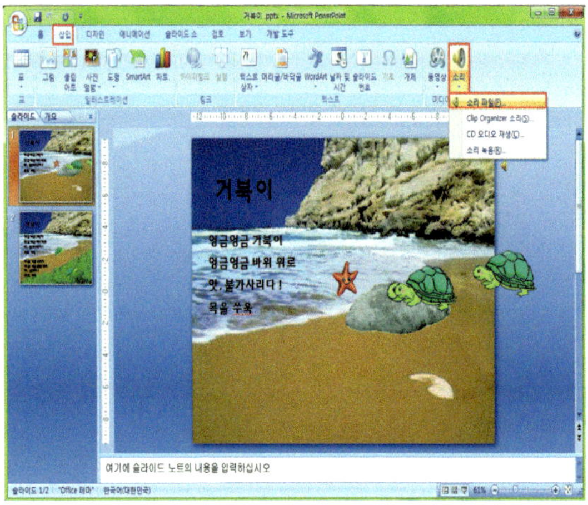	■ **소리 삽입** 상단의 메뉴 바 좌측에서 [소리]를 클릭하여 동시의 배경음악과 녹음 파일을 삽입한다. 소리 파일 그림을 넣고자 하는 위치로 이동하여 놓는다. ※ **작업한 PPT파일을 다른 곳으로 옮길 때 소리와 함께 저장을 해야만 소리가 재생된다.**
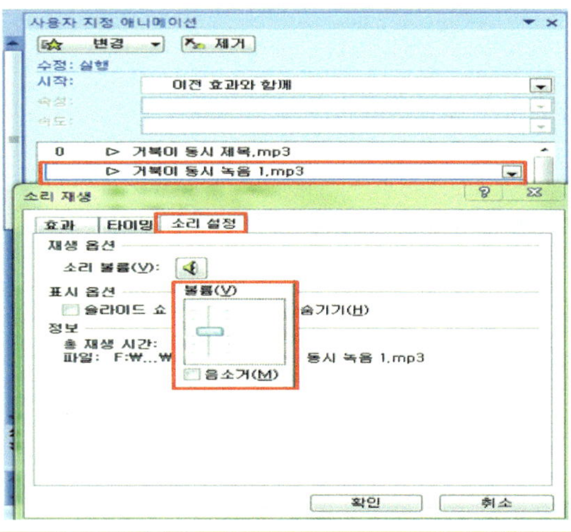	■ **볼륨 조절** 동시 배경 음악이나 음성 녹음파일을 클릭한 뒤 마우스 오른쪽 버튼을 클릭한다. [효과 옵션(E)] → [소리 설정]에서 볼륨을 조절한다.

PPT 슬라이드 장면	제작방법
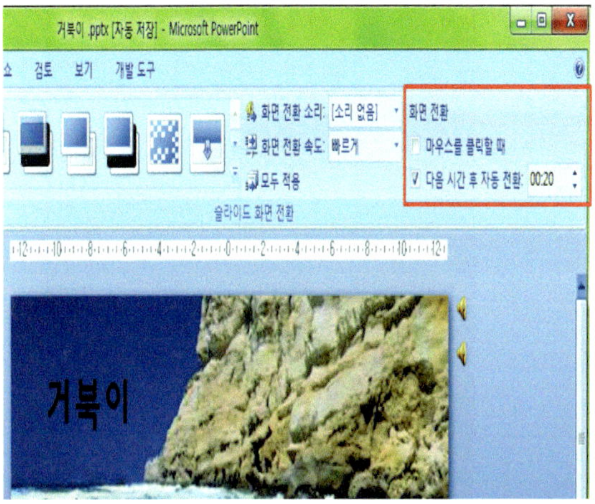	**■ 슬라이드** 슬라이드가 자동으로 넘어가도록 할 경우 상단의 메뉴 바에서 [애니메이션]을 클릭하여 우측에서 [다음 시간 후 자동 전환]을 선택하고 모든 슬라이드에 시간을 설정한다.
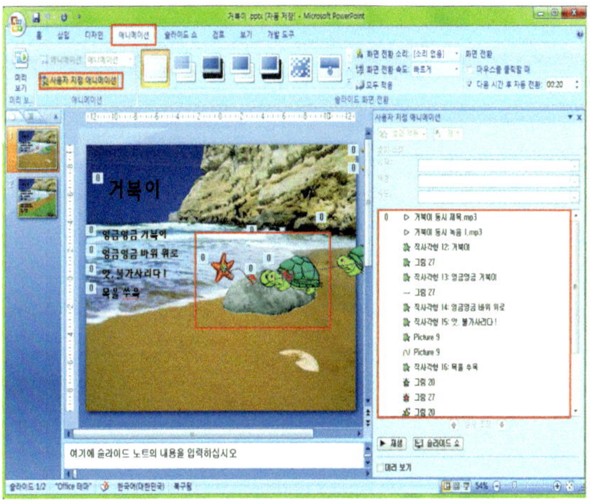 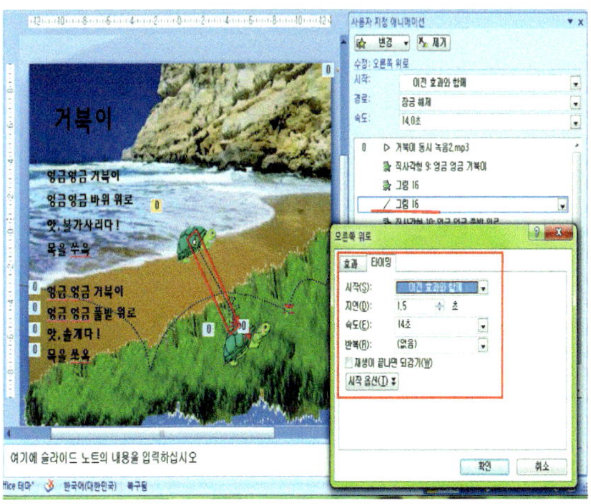	**■ 애니메이션 효과** 상단의 메뉴 바에서 [애니메이션] → [사용자 지정 애니메이션]을 클릭한다. 움직임을 넣을 그림 또는 사진을 클릭한 다음 우측의 컨트롤 박스에서 [사용자 지정 애니메이션] → [효과적용]을 클릭하여 주고자 하는 효과를 넣는다. ※ 거북이가 천천히 이동하는 효과를 낼 경우 그림을 삽입한 다음 우측의 컨트롤 박스에서 [사용자 지정 애니메이션] → [이동경로(P)]를 선택한다. 화면에 나타난 선의 빨간색 화살표를 클릭하여 마우스 왼쪽 버튼을 누른 채 자신이 원하는 위치로 끌어당긴다. 그 다음 [사용자 지정 애니메이션]에서 해당 효과를 누른 뒤 마우스 오른쪽 버튼을 클릭하여 타이밍(T)을 누른다. 속도(E)에서 원하는 속도를 설정하고 확인을 누른다.

PPT 슬라이드 장면	제작방법
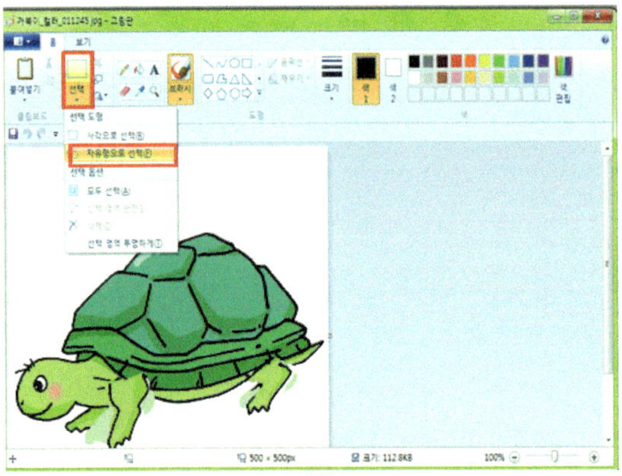	※ 거북이 목이 들어가도록 효과를 주고자 할 경우 그림판에서 거북이 그림을 불러 온 뒤 상단의 메뉴에서 선택을 눌러 [자유형으로 선택(E)]를 클릭하여 거북이 목과 거북이 몸을 자른다.
	※ 그림판에서 작업한 거북이의 목과 몸을 함께 삽입한 뒤 목 그림을 선택하여 사용자 지정애니메이션에서 [이동 경로 (P)]에서 [오른쪽으로]의 효과를 선택하여 빨간색 종료 지점을 움직여 조정한다.
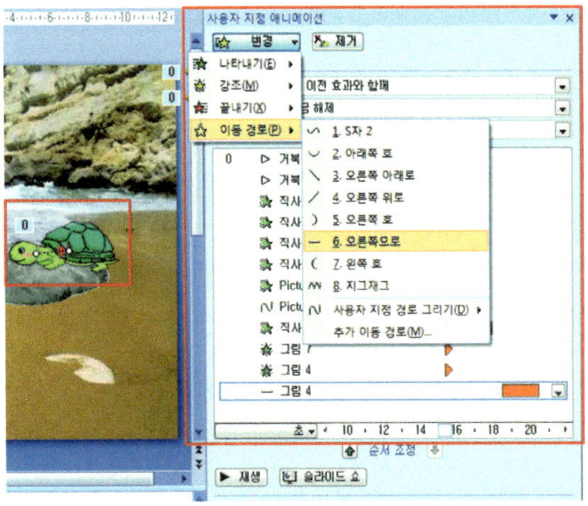	

<table>
<tr><th>PPT 슬라이드 장면</th><th>제작방법</th></tr>
<tr><td>
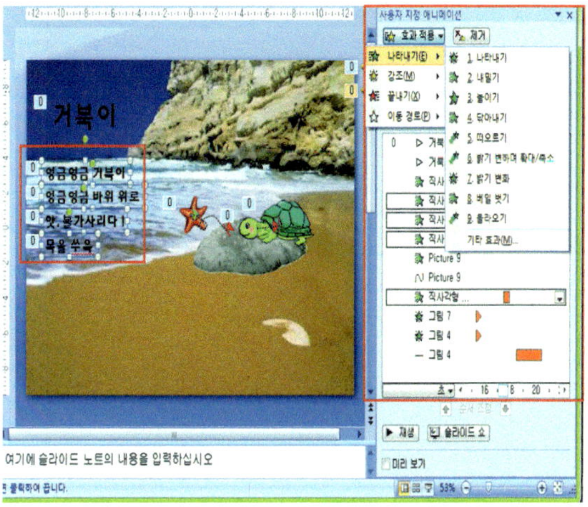

</td><td>

■ 녹음 및 효과 자동 재생

글씨가 자동으로 나오도록 할경우 [텍스트 상자]를 클릭한 뒤 상단의 메뉴에서 [애니메이션] → [사용자 지정 애니메이션]을 누른 뒤 원하는 [효과 적용] → [나타내기(E)]에서 원하는 효과를 준다.

글씨의 효과를 준 뒤 마우스 오른쪽 버튼을 눌러 [타이밍(T)]를 클릭하여 [시작(S)]을 이전 효과와 함께로 두고 시간과 순서를 조절하거나 [진행시간 표시 막대 표시(S)]를 클릭하여 조절한다.

</td></tr>
<tr><td>
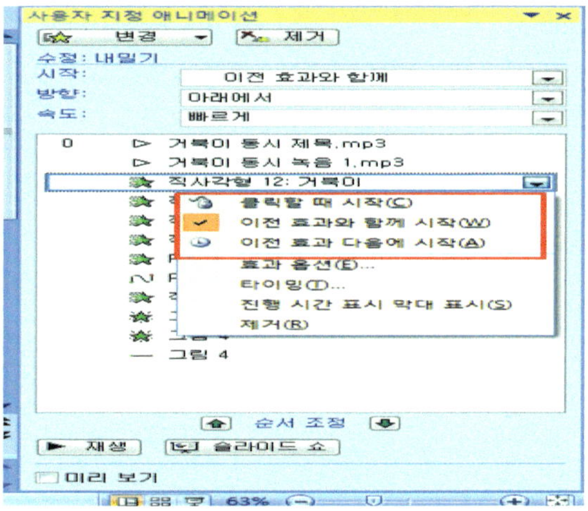

</td><td>

※ 동시가 끝날 때까지 작동 되어야 하는 동시 배경 음악과 움직임은 상단에 올려 놓는다. 차례로 동시 제목, 그에 맞는 음성 녹음 파일, 동시 한 소절, 그에 맞는 음성 녹음 파일과 그림 또는 사진. 이러한 순서로 배열한다.

</td></tr>
<tr><td>
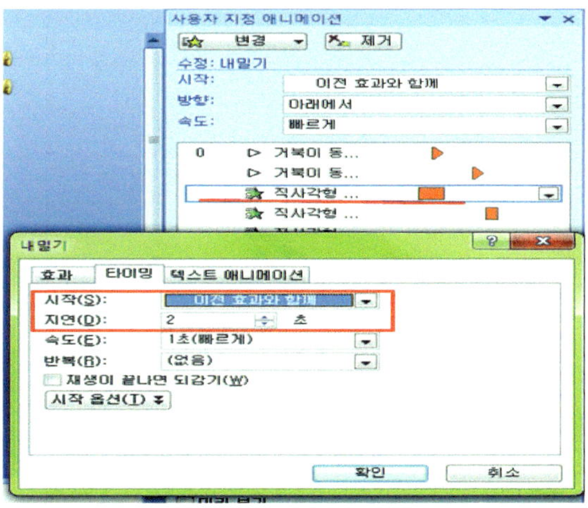

</td><td>

동시가 시작할 때부터 끝날 때까지 작동되어야 하는 동시배경 음악과 그림의 움직임은 마우스 오른쪽 버튼을 클릭하여 [타이밍(T)]에서 [이전 효과와 함께]와 [슬라이드가 끝날 때까지] 및 [지금부터(F)]에서 원하는 슬라이드를 수를 적은 뒤, 확인을 누른다.

</td></tr>
</table>

<table>
<tr><th>PPT 슬라이드 장면</th><th>제작방법</th></tr>
<tr><td>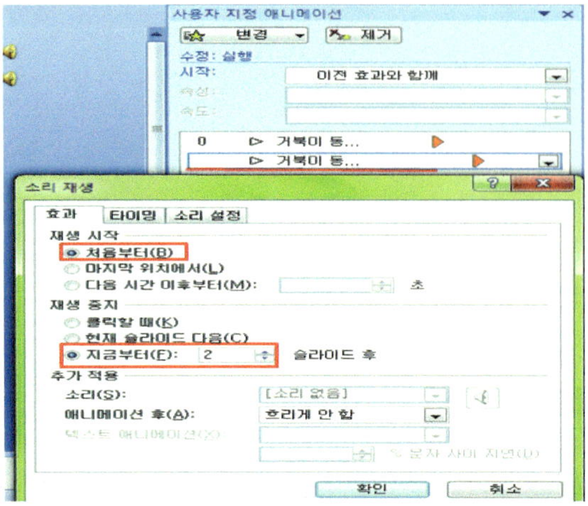
</td><td></td></tr>
<tr><td>
</td><td>

■ 검토 및 수정 · 보완

완성된 e-티칭 동시를 작동시켜 본 후, 바꾸거나 추가할 내용이 있다면 수정 · 보완하여 마무리 한다.</td></tr>
</table>

4) 제작방법 사례 3 : 「만약에 나에게 비행기가 있다면」

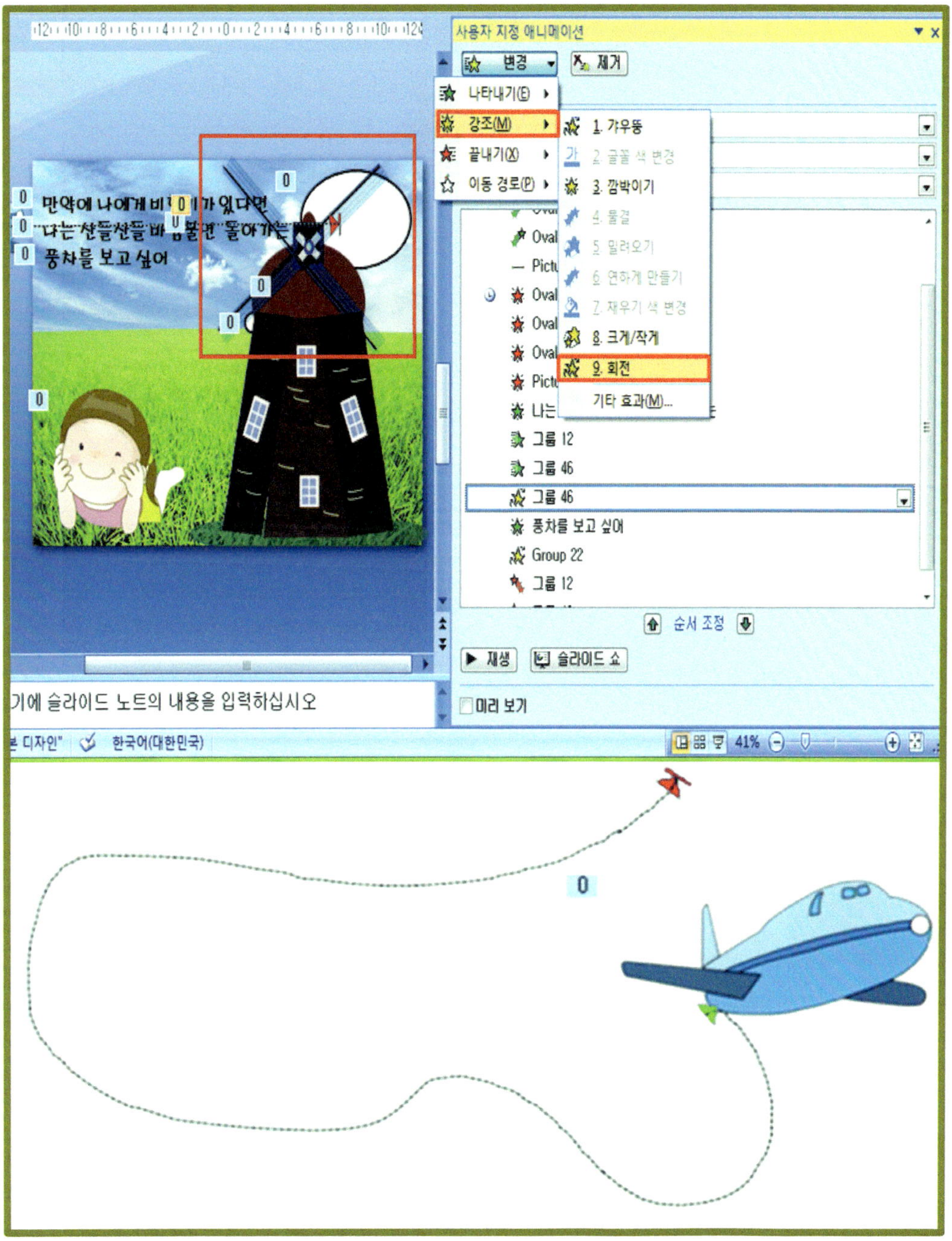

PPT 슬라이드 장면	제작방법

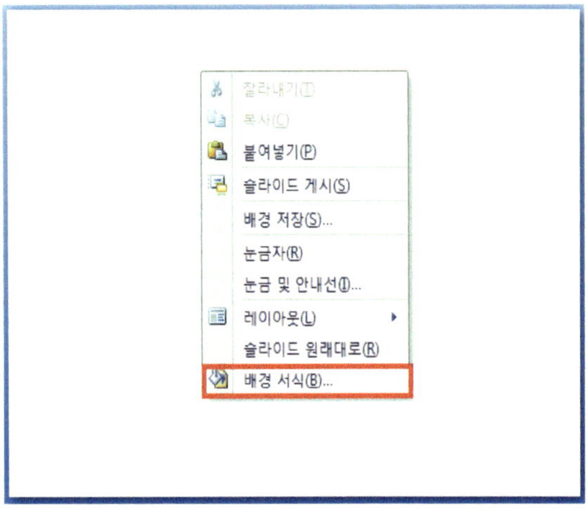

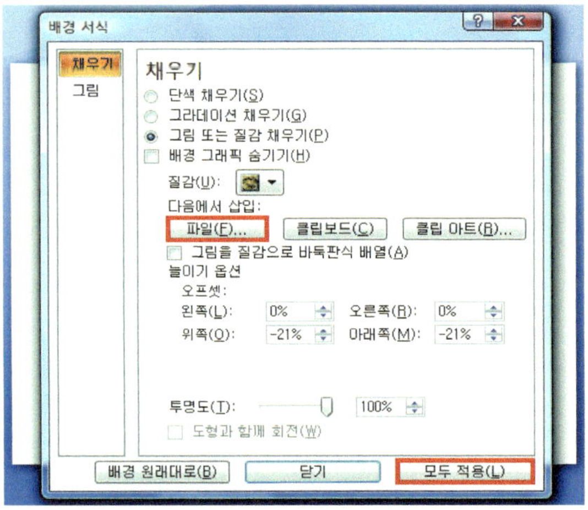

■ 배경 삽입

슬라이드 빈 화면에서 마우스 오른쪽 버튼을 클릭하여 배경 서식을 선택한다.

배경 서식 창에서 [채우기] → [파일(F)]을 클릭한다. 원하는 그림 또는 사진 파일을 선택한 후, 확인을 누른 뒤, [모두 적용(L)]을 눌러 슬라이드에 배경을 삽입한다.

■ 글 삽입

상단의 메뉴 바에서 [텍스트 상자] → [가로 텍스트 상자 그리기]를 클릭하여 글상자를 만든다.
동시 제목, 동시 한 소절 각각 다른 텍스트 상자를 삽입한 뒤, 글을 넣는다.

■ 그림 또는 사진 삽입

상단의 메뉴 바에서 [그림]을 클릭 하여 원하는 그림 또는 사진을 삽입한다.

삽입된 그림 또는 사진을 클릭하면 테두

PPT 슬라이드 장면	제작방법
	리가 생기게 된다. 이 때 테두리를 마우스 왼쪽 버튼으로 누른 채 움직여 크기를 조절한다. 크기를 조절한 후 그림 또는 사진을 마우스 왼쪽 버튼을 누른 채, 드래그하여 원하는 위치로 옮긴다.
	■ **소리 삽입** 상단의 메뉴 바 좌측에서 [소리]를 클릭하여 동시의 배경음악과 녹음 파일을 삽입한다. 소리 파일 그림을 넣고자 하는 위치로 이동하여 놓는다. **※ 작업한 PPT파일을 다른 곳으로 옮길 때 소리와 함께 저장을 해야만 소리가 재생된다.**
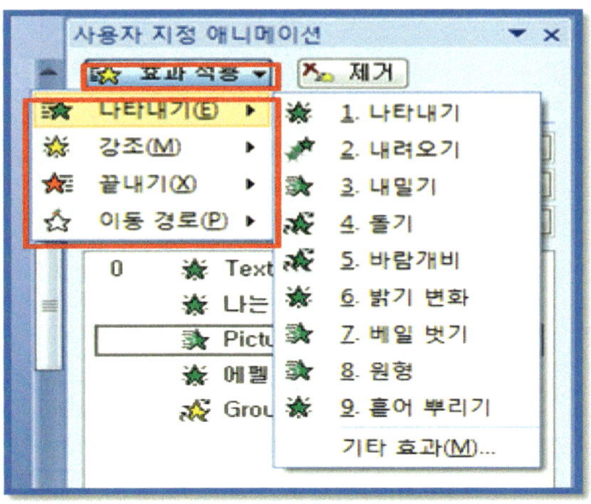	■ **애니메이션 효과** 상단의 메뉴 바에서 [애니메이션] → [사용자 지정 애니메이션]을 클릭한다. 움직임을 넣을 그림 또는 사진을 클릭한 다음 우측의 컨트롤 박스에서 [사용자 지정 애니메이션] → [효과적용]을 클릭하여 주고자 하는 효과를 넣는다.

PPT 슬라이드 장면	제작방법
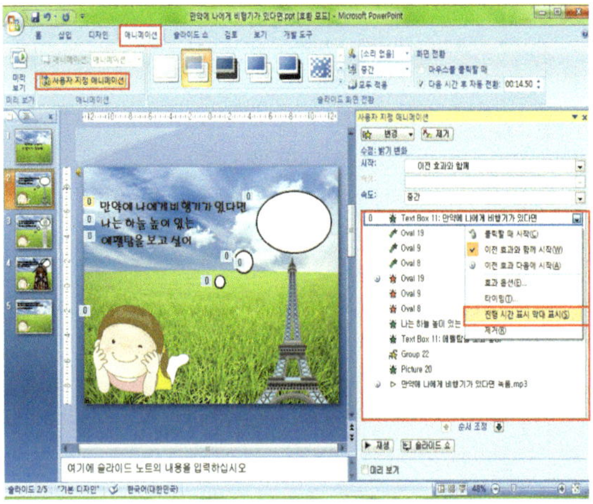	효과들을 넣은 뒤 순차적으로 조절하고 시간을 보고자 할 경우 진행시간 막대 표시를 클릭하여 타이밍을 조절한다. 효과를 넣을 그림을 클릭한 다음 우측의 컨트롤 박스에서 [사용자 지정 애니메이션] → [이동경로(P)]를 선택하여 직접 경로를 그린다.
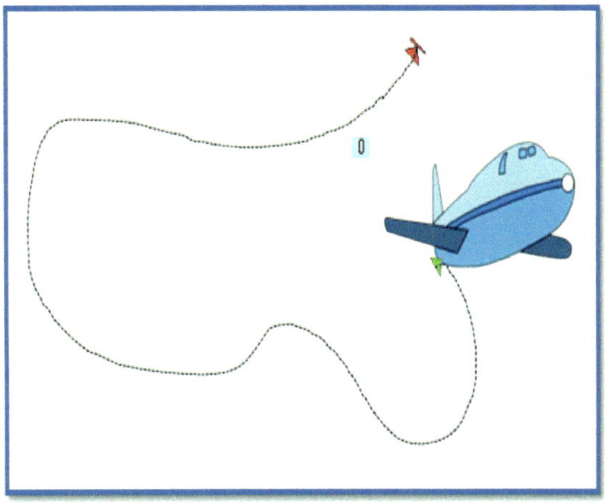	※ 돌아가는 효과를 주고자 할 경우 우측의 컨트롤 박스에서 [강조(E)] → [회전]를 선택한다.

<table>
<tr><th>PPT 슬라이드 장면</th><th>제작방법</th></tr>
<tr><td>
</td><td>

■ 슬라이드

이와 같이 모든 슬라이드에 배경을 설정한 뒤 같은 위치에 사진이나 그림을 삽입하고 효과를 준다.

상단의 메뉴 바에서 [에니메이션]을 클릭하여 우측에서 [다음시간 후 자동 전환]을 선택하고 모든 슬라이드에 시간을 설정한다.

</td></tr>
<tr><td>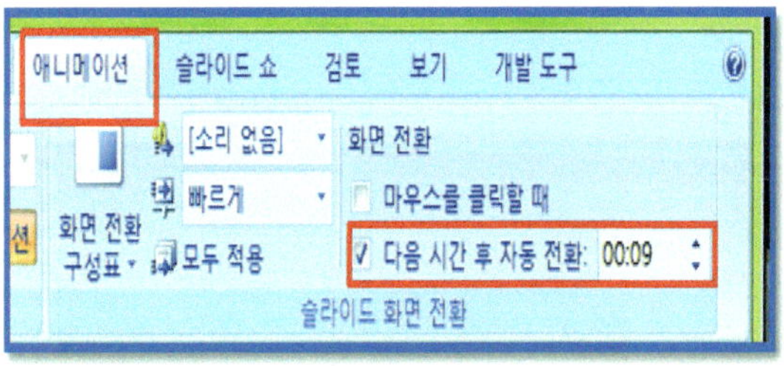
</td><td>

음성 녹음 자료는 상단에 두고 마우스 오른쪽 버튼을 클릭하여 [효과 옵션]을 누른다. 창이 뜨면 [재생 시작]은 [처음부터(R)]로 설정하고 [재생 중지]는 [지금부터(F)]를 설정하여 마지막 슬라이드의 번호를 적는다.

</td></tr>
<tr><td>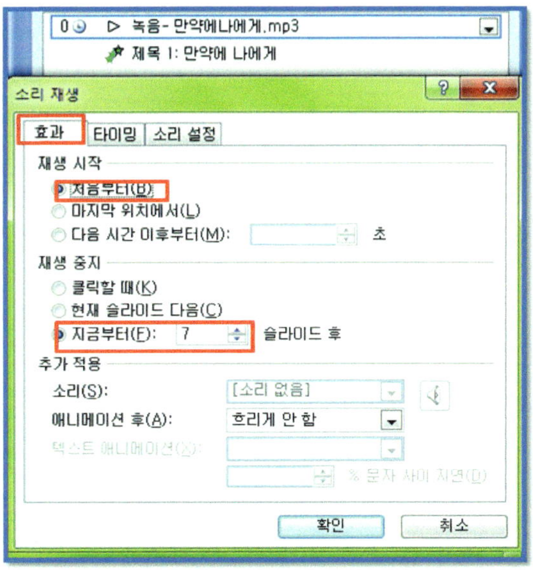
</td><td>

먼저 제시 되는 동시 한 소절의 텍스트 상자는 마우스 오른쪽 버튼을 클릭하여 [이전 효과와 함께 시작(W)]로 설정한다.

먼저 제시 되는 동시 한 소절의 텍스트 상자는 마우스 오른쪽 버튼을 클릭하여 [이전 효과다음에 시작 (A)]로 설정한다.

</td></tr>
</table>

<table>
<tr><th>PPT 슬라이드 장면</th><th>제작방법</th></tr>
<tr><td>
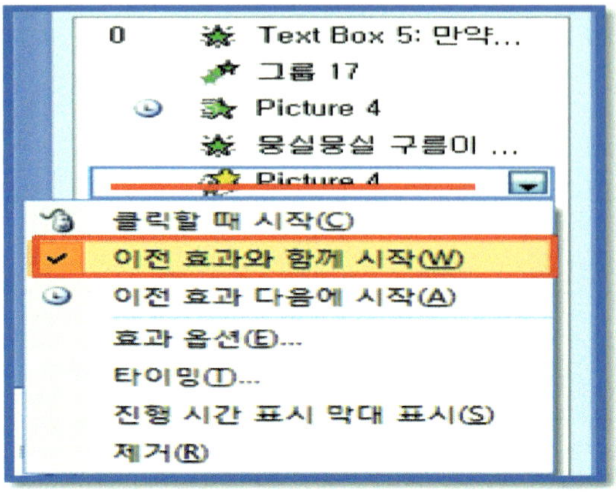

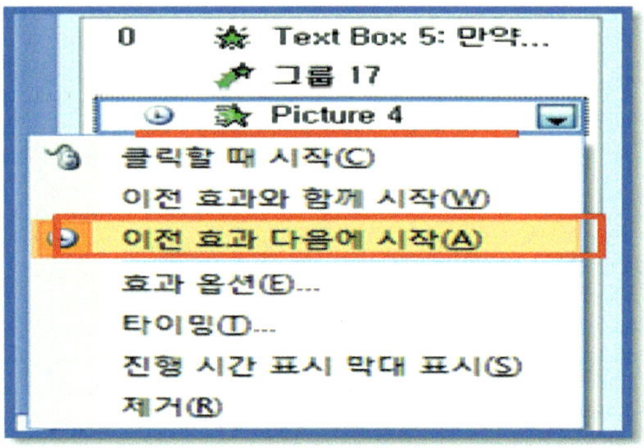

</td><td></td></tr>
<tr><td>
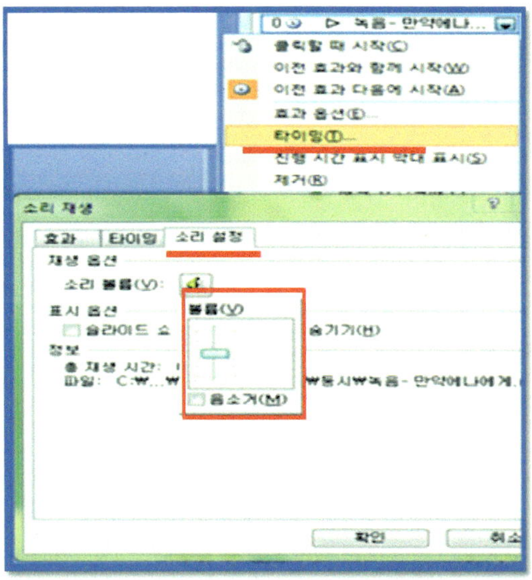

</td><td>

■ **볼륨 조절**

동시 배경 음악이나 음성 녹음파일을 클릭한 뒤 마우스 오른쪽 버튼을 클릭한다. [효과 옵션(E)] → [소리 설정]에서 볼륨을 조절한다.

</td></tr>
</table>

PPT 슬라이드 장면	제작방법
	■ **검토 및 수정 및 보완** 완성된 동시 자료를 작동시켜 본 후 바꾸거나 추가할 내용이 있다면 수정 및 보완하여 마무리 한다.

5) 제작방법 사례 4 : 「우주나라」

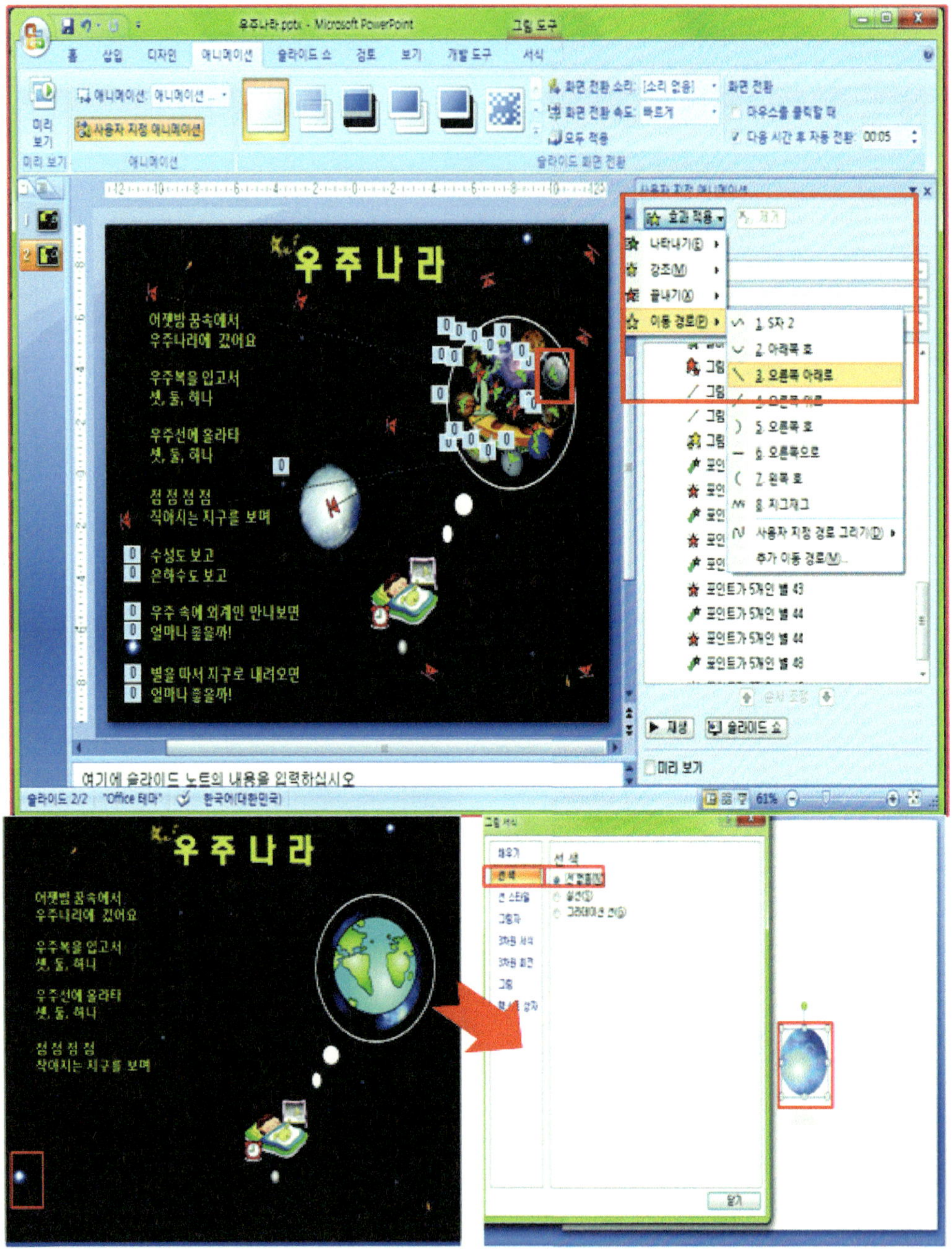

<table>
<tr><th>PPT 슬라이드 장면</th><th>제작방법</th></tr>
<tr><td>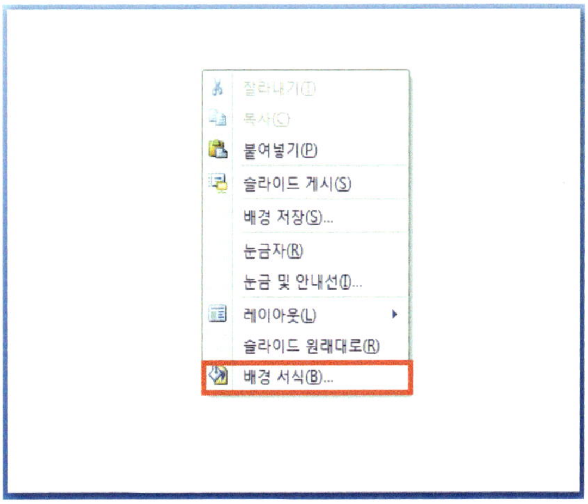

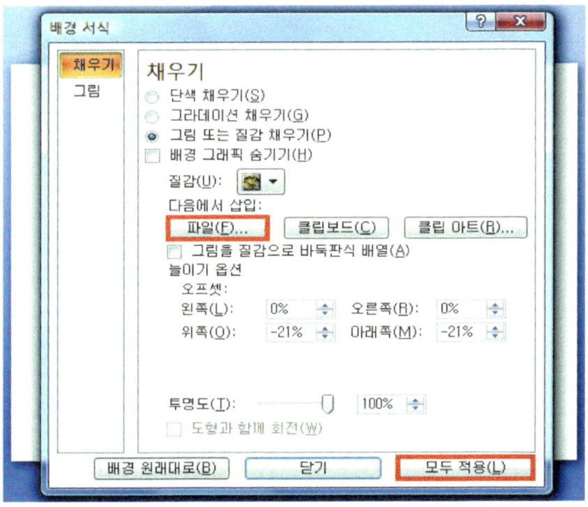
</td>
<td>

■ **배경 삽입**

슬라이드 빈 화면에서 마우스 오른쪽 버튼을 클릭하여 배경 서식을 선택한다.

배경 서식 창에서 [채우기] → [파일(F)]을 클릭한다. 원하는 그림 또는 사진 파일을 선택한 후, 확인을 누른 뒤, [모두 적용(L)]을 눌러 슬라이드에 배경을 삽입한다.

</td></tr>
<tr><td>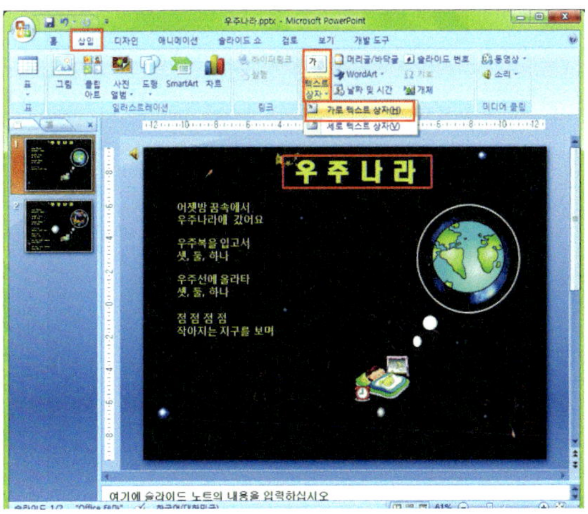
</td>
<td>

■ **글 삽입**

상단의 메뉴 바에서 [텍스트 상자] → [가로 텍스트 상자 그리기]를 클릭하여 글 상자를 만든다.

동시 제목, 동시 한 소절 각각 다른 텍스트 상자를 삽입한 뒤, 글을 넣는다.

</td></tr>
</table>

PPT 슬라이드 장면	제작방법

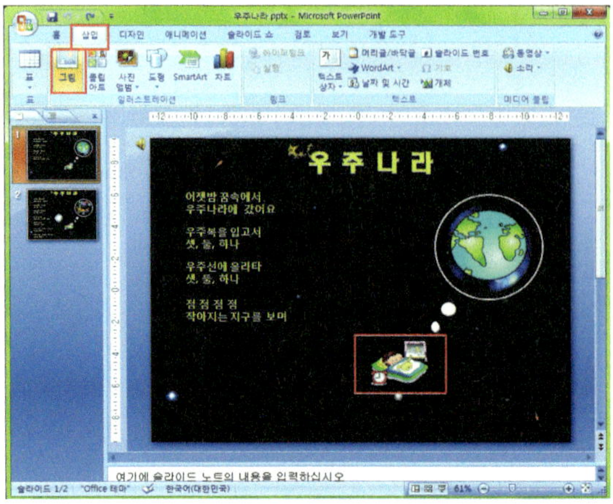

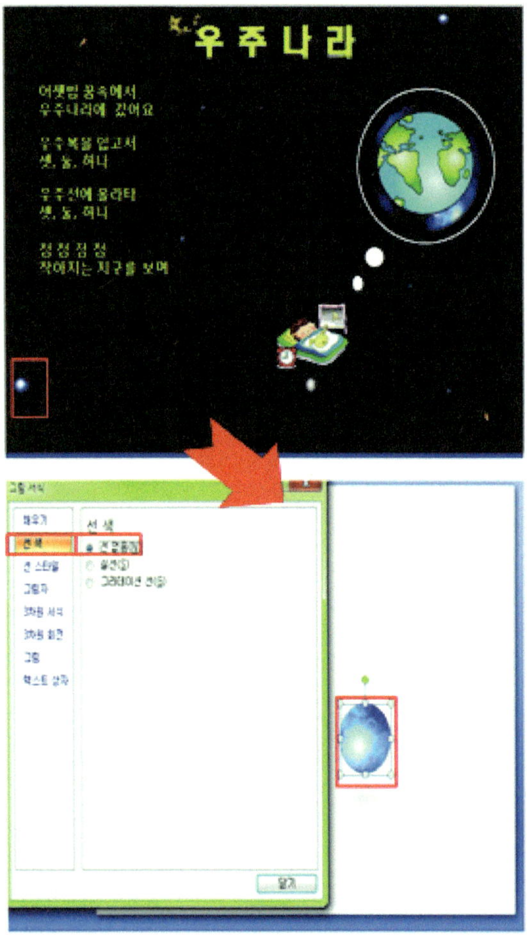

■ 그림 또는 사진 삽입

상단의 메뉴 바에서 [그림]을 클릭 하여 원하는 그림 또는 사진을 삽입한다.

사진 크키 조절을 할 경우 삽입된 그림 또는 사진을 클릭하면 테두리가 생기게 된다. 이때 테두리를 마우스 왼쪽 버튼으로 누른 채 움직여 크기를 조절한다. 크기를 조절한 후 그림 또는 사진을 마우스 왼쪽 버튼을 누른 채, 드래그 하여 원하는 위치로 옮긴다.

※ e-티칭 동시 우주나라의 배경과 같이 우주의 별 효과를 주고 싶을 경우 인터넷에서 원하는 우주의 그림을 찾아 위와 같이 삽입한 뒤 그림을 더블클릭하면 상단의 메뉴에 그림 테두리를 선택할 수 있다. 동그라미의 그림을 선택하여 마우스 오른쪽 버튼을 눌러 [그림 서식] 창에서 선을 없앤 다음 작게 줄이면 별 효과가 난다.

PPT 슬라이드 장면	제작방법
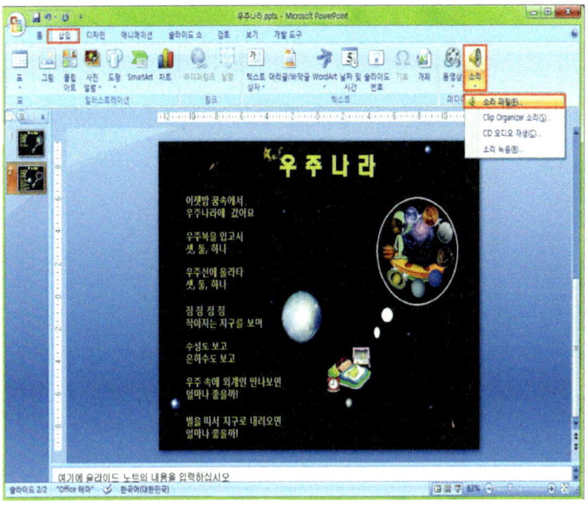	■ **소리 삽입** - 상단의 메뉴 바 좌측에서 [소리]를 클릭하여 동시의 배경음악과 녹음 파일을 삽입한다. - 소리 파일 그림을 넣고자 하는 위치로 이동하여 놓는다. ※ **작업한 PPT파일을 다른 곳으로 옮길 때 소리와 함께 저장을 해야만 소리가 재생된다.**
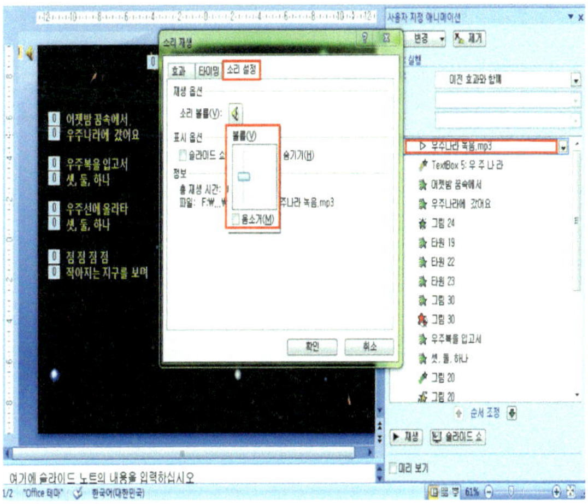	■ **볼륨 조절** - 동시 배경 음악이나 음성 녹음파일을 클릭한 뒤 마우스 오른쪽 버튼을 클릭한다. [효과 옵션(E)] → [소리 설정]에서 볼륨을 조절한다.
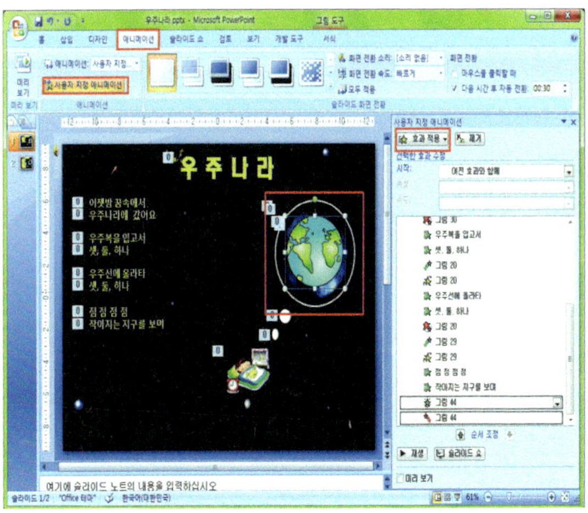	■ **애니메이션 효과** - 상단의 메뉴 바에서 [애니메이션] → [사용자 지정 애니메이션]을 클릭한다. 움직임을 넣을 그림 또는 사진을 클릭한 다음 우측의 컨트롤 박스에서 [사용자 지정 애니메이션] → [효과적용]을 클릭하여 주고자하는 효과를 넣는다. ※ **행성들이 우주 속에 있는 효과를 낼 경우 그림을 삽입한 다음 우측의 컨트롤 박스에서 [사용자 지정 애니메이션] → [이동경로(P)]를 선택한다. 화면에 나타난 선의 빨간**

PPT 슬라이드 장면	제작방법
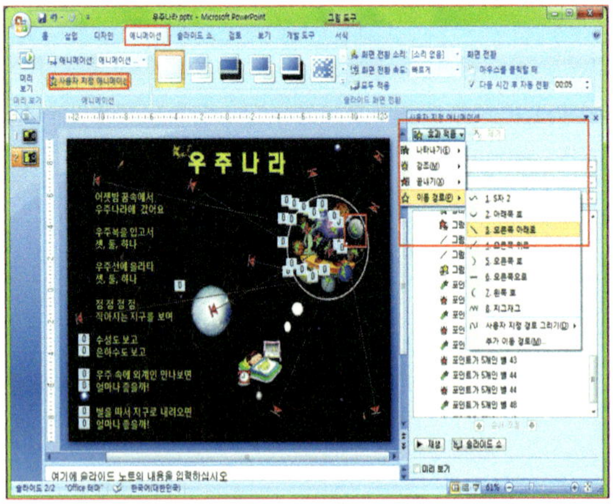	색 화살표를 클릭하여 마우스 왼쪽 버튼을 누른 채 자신이 원하는 위치로 끌어당긴다.
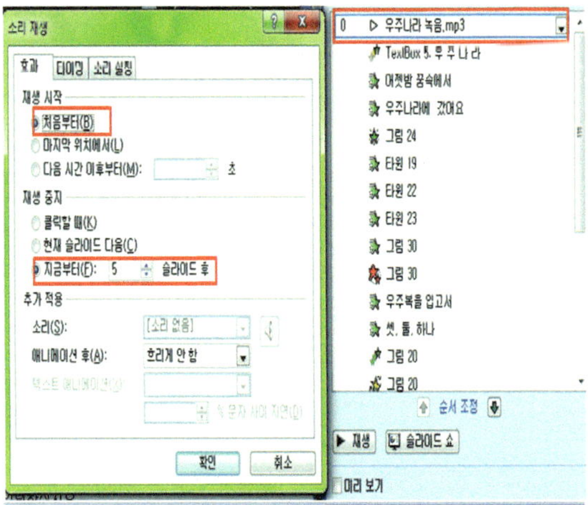 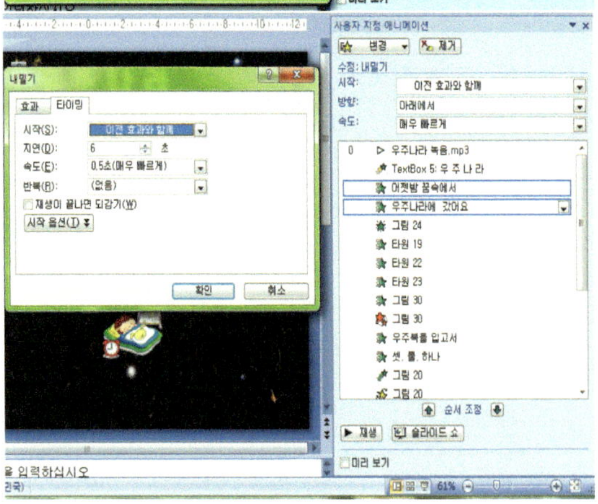	■ 녹음 및 효과 자동 재생 글씨가 자동으로 나오도록 할경우 [텍스트 상자]를 클릭한 뒤 상단의 메뉴에서 [에니메이션] → [사용자 지정 애니메이션]을 누른 뒤 원하는 [효과 적용] → [나타내기(E)]에서 원하는 효과를 준다. 글씨의 효과를 준 뒤 마우스오른쪽 버튼을 눌러 [타이밍(T)]를 클릭하여 [시작(S)]를 이전 효과와 함께로 두고 시간과 순서를 조절한다. ※ 동시가 끝날 때까지 작동 되어야 하는 동시 배경음악과 움직임은 상단에 올려놓는다. 차례로 동시 제목, 그에 맞는 음성 녹음 파일, 동시 각 행에 일치되는 음성 녹음 파일과 그림 또는 사진. 이러한 순서로 배열한다.

<table>
<tr><th>PPT 슬라이드 장면</th><th>제작방법</th></tr>
<tr><td>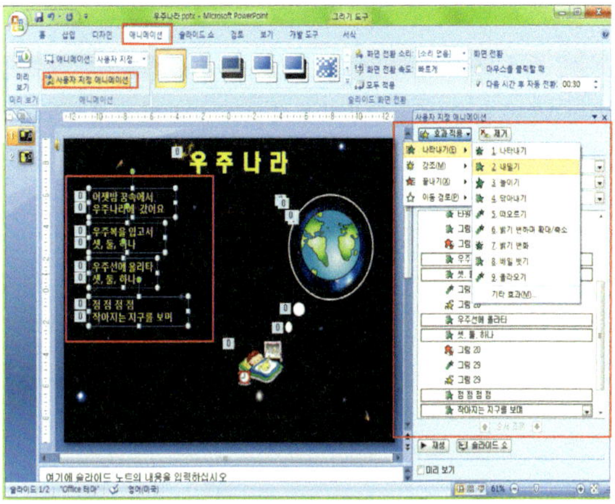</td><td>동시가 시작할 때부터 끝날 때까지 작동 되어야 하는 동시배경 음악과 그림의 움직임은 마우스 오른쪽 버튼을 클릭하여 [타이밍(T)]에서 [이전 효과와 함께]와 [슬라이드가 끝날 때까지] 및 [지금부터(F)]에서 원하는 슬라이드를 수를 적은 뒤, 확인을 누른다.</td></tr>
<tr><td>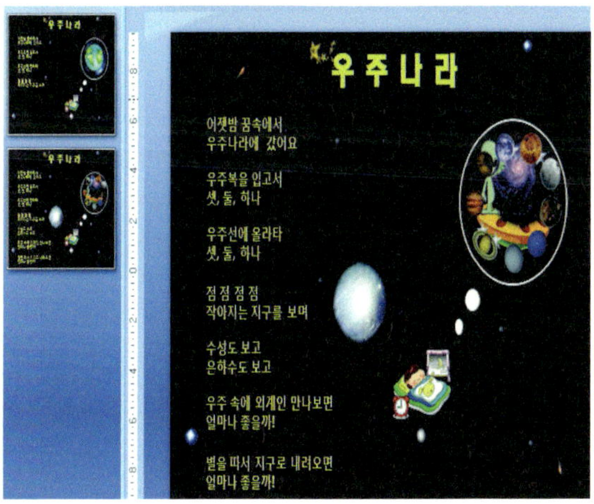
</td><td>

■ **검토 및 수정 · 보완**

완성된 e-티칭 동시를 작동시켜 본 후, 바꾸거나 추가할 내용이 있다면 수정 · 보완하여 마무리 한다.</td></tr>
</table>

6) 제작방법 사례 5 : 「꼭꼭 숨은 도마뱀」

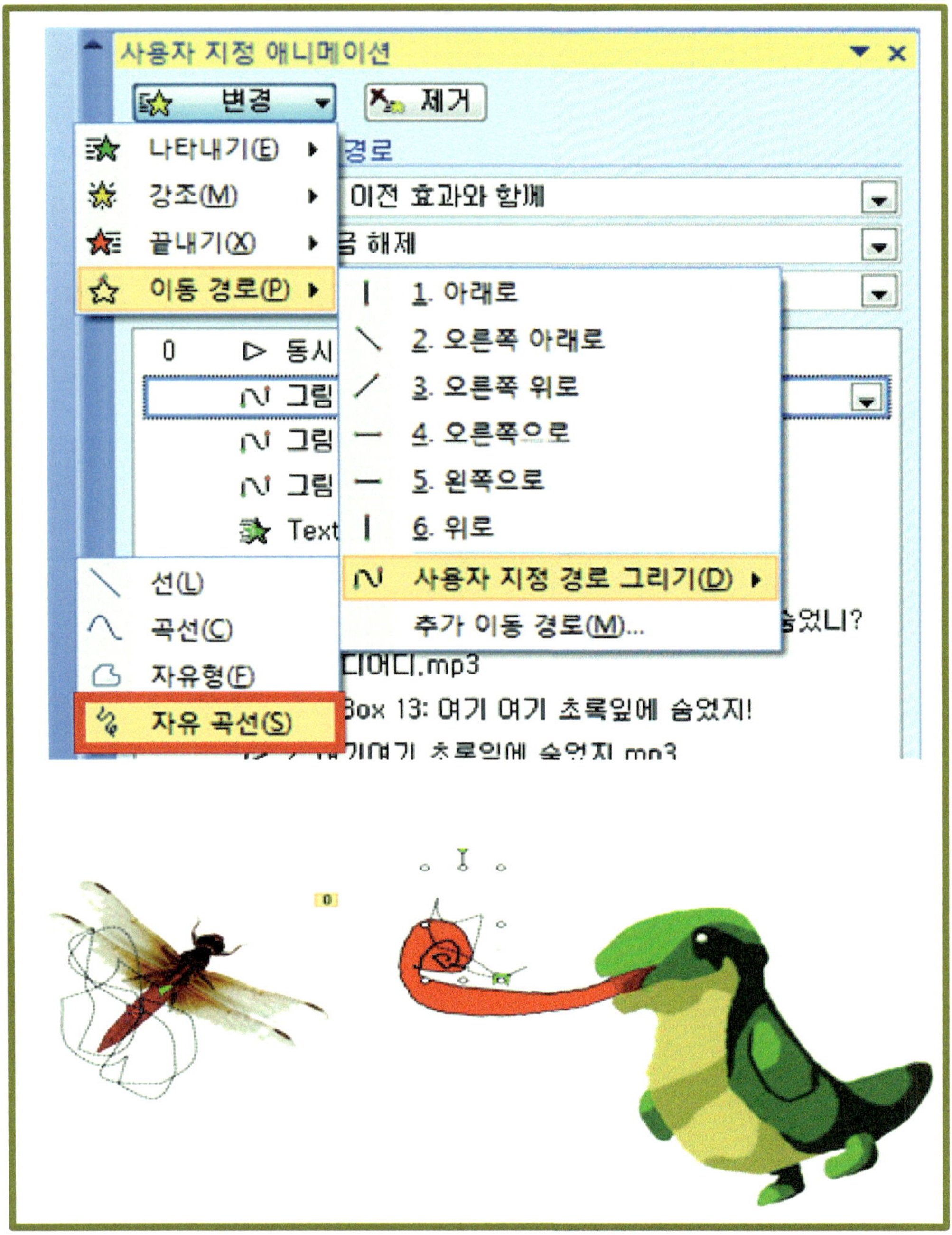

PPT 슬라이드 장면	제작방법

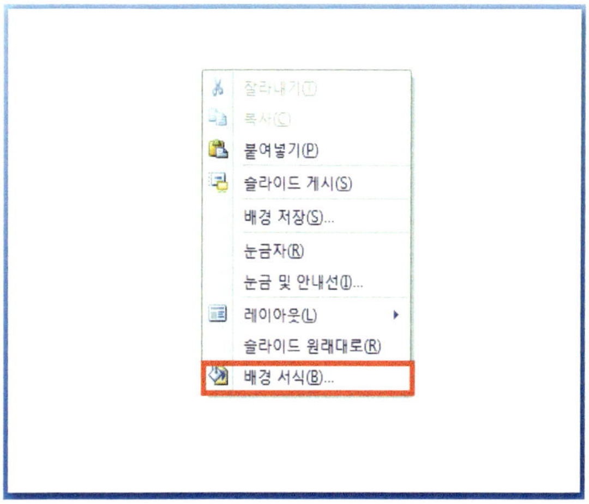

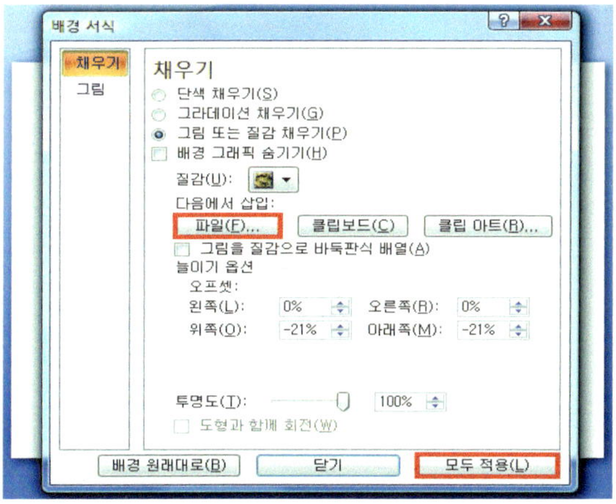

■ **배경 삽입**

슬라이드 화면에 마우스 오른쪽 버튼을 클릭하여 [배경 서식 (B)]을 선택한다.

배경 서식 창에서 [채우기] → [파일(F)]을 클릭한다. 원하는 그림 또는 사진 파일을 선택한 후, 확인을 누른 뒤, [모두 적용 (L)]을 눌러 슬라이드에 배경을 삽입한다.

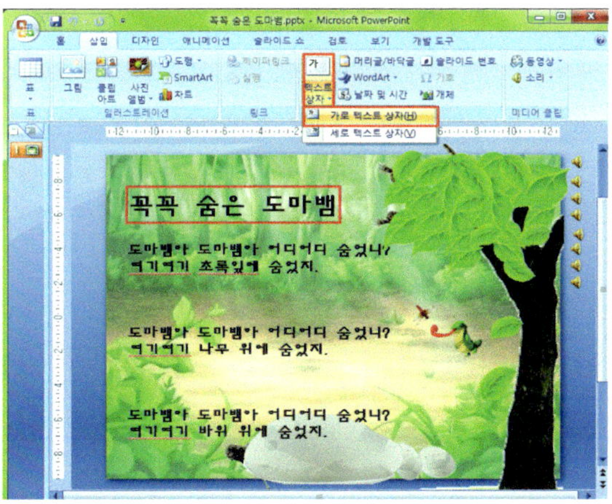

■ **글 삽입**

상단의 메뉴에서 [텍스트 상자] → [가로 텍스트 상자 그리기]를 클릭하여 글 상자를 만든다.

동시 제목, 동시 한 구절을 각각 다른 텍스트 상자에 넣는다.

PPT 슬라이드 장면	제작방법
	**■ 그림 또는 사진 삽입** 상단의 메뉴에서 [그림]을 클릭 하여 원하는 그림 또는 사진을 삽입한다. 삽입된 그림 또는 사진을 클릭하면 테두리가 생기게 된다. 마우스 왼쪽 버튼으로 누른 채, 움직여 크기를 조절한다. 크기를 조절한 후, 그림 또는 사진을 마우스 왼쪽 버튼을 누른 채, 드래그 하여 원하는 위치로 옮긴다.
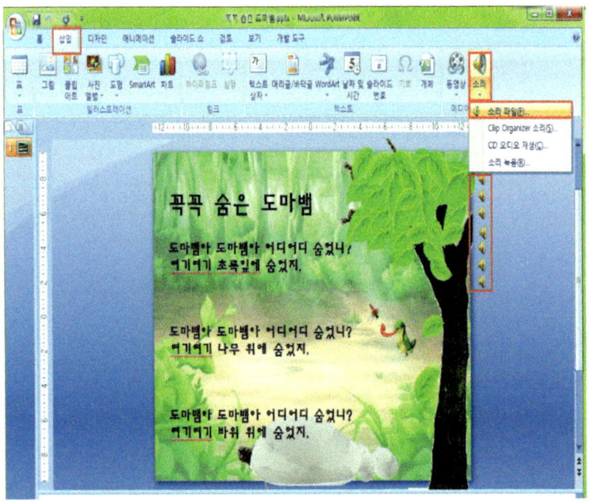	**■ 소리 삽입** 상단의 메뉴에서 [미디어 클립] → [소리]를 클릭하여 배경 음악과 녹음 파일을 삽입한다.
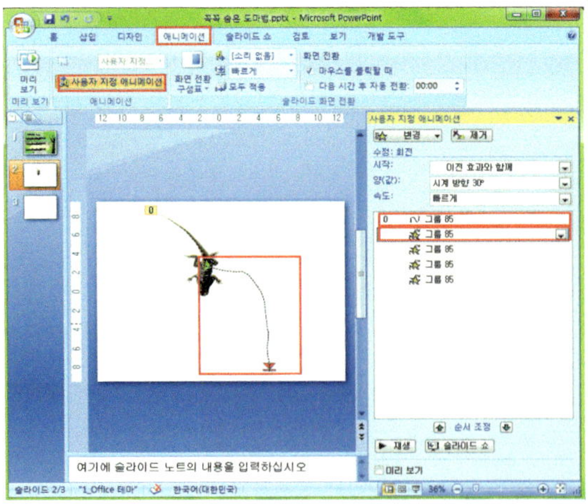	**■ 움직임 설정** 상단의 메뉴에서 [애니메이션] → [사용자 지정 애니메이션]을 클릭한다. ※ 그림이 움직이면서 회전해야 하는 경우 이동 경로를 그린 후 회전 효과를 함께 넣어준다.

<table>
<tr><th>PPT 슬라이드 장면</th><th>제작방법</th></tr>
<tr><td>
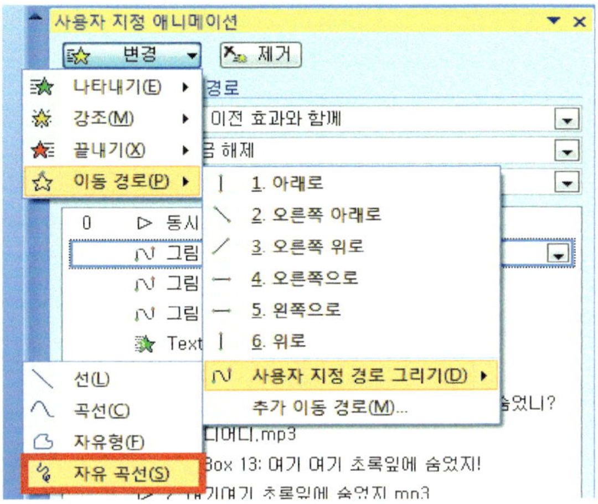

</td><td>움직임을 넣을 그림 또는 사진을 클릭한 뒤 우측의 컨트롤 박스에서 [사용자 지정 애니메이션] → [변경] → [이동경로(P)] → [사용자지정 경로 그리기(D)] → [자유 곡선(S)]을 클릭한다.</td></tr>
<tr><td></td><td>마우스 왼쪽 버튼을 누른 채, 드래그 하여 움직임을 그린다.</td></tr>
<tr><td>
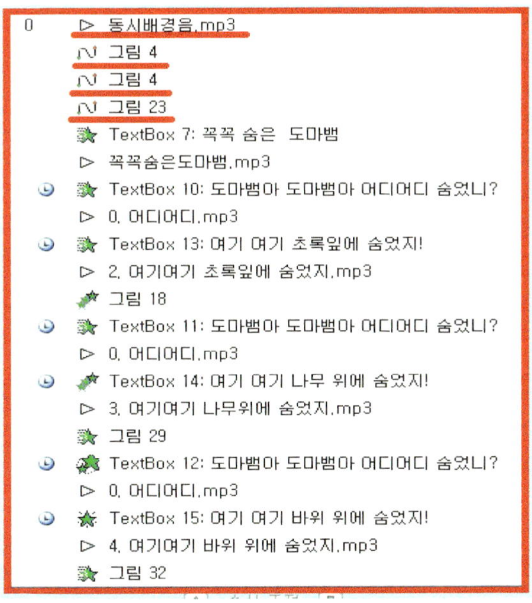

</td><td>우측 컨트롤 박스에서 애니메이션의 순서를 동시에 맞추어 배열 한다.

※ 동시가 끝날 때까지 작동 되어야 하는 동시 배경 음악과움직임은 상단에 올려 놓는다. 차례로 동시 제목, 그에 맞는 음성 녹음 파일, 동시 한 소절, 그에 맞는 음성 녹음 파일과 그림 또는 사진 이러한 순서로 배열한다.</td></tr>
</table>

PPT 슬라이드 장면	제작방법
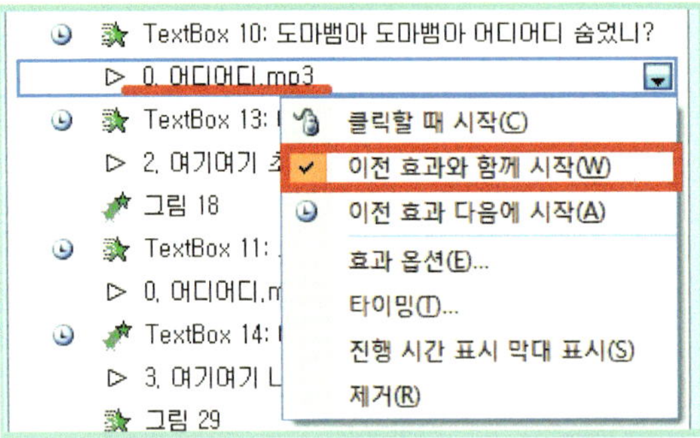	동시가 시작할 때부터 끝날 때까지 작동되어야 하는 동시배경 음악과 그림의 움직임은 마우스 오른쪽 버튼을 클릭하여 [타이밍(T)]에서 [이전 효과와 함께]와 [슬라이드가 끝날 때 까지]를 선택한 뒤, 확인을 누른다.
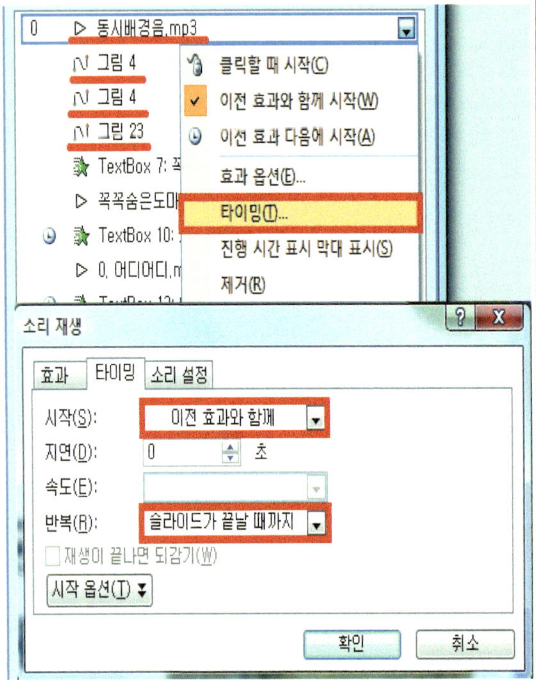	
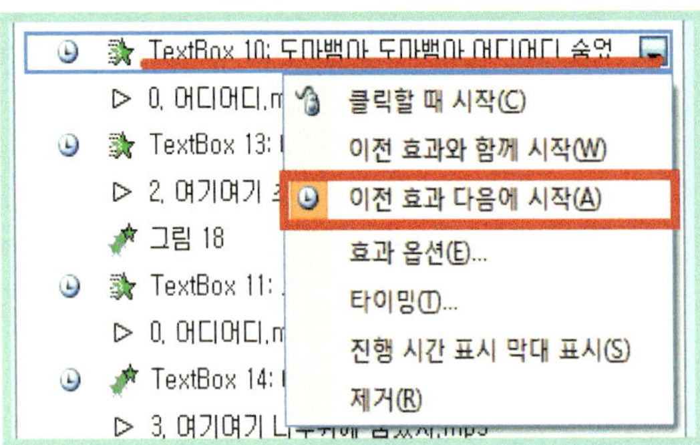	동시 한 구절의 텍스트 상자는 마우스 오른쪽 버튼을 클릭하여 [이전 효과 다음에 시작(A)] 로 설정한 뒤, 동시 한 구절에 맞는 음성 녹음 파일은 [이전 효과와 함께 시작(W)]으로 설정한다.

PPT 슬라이드 장면	제작방법
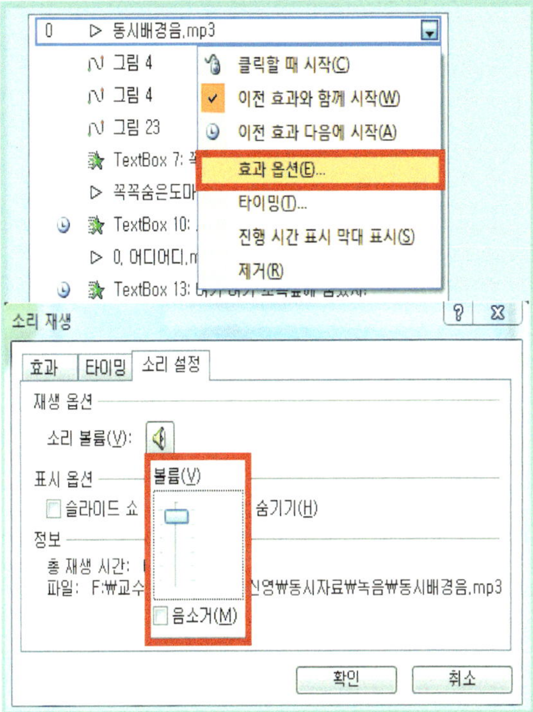	■ **볼륨 조절** 동시 배경 음악이나 음성 녹음 파일을 클릭한 뒤 마우스 오른쪽 버튼을 클릭한다. [효과 옵션(E)] → [소리설정]에서 볼륨을 조절한다.
	■ **검토 및 수정 · 보완** 완성된 e-티칭 동시를 작동시켜 본 후, 바꾸거나 추가할 내용이 있다면 수정 · 보완하여 마무리 한다.

2. e-티칭 동시의 재생 및 배경화면의 이해와 활용

제작된 e-티칭 동시를 수업에 활용하기 위해서는 e-티칭 동시의 재생 및 작동법에 대한 기초적인 이해가 필요하다. 그래야만 동시수업중 작동 및 활용에 문제가 발생했을 때, 손쉽게 원인을 제거하여 수업진행에 차질이 생기는 것을 막을 수 있다. 따라서 이 장에서는 제작한 e-티칭 동시를 배경화면과 내용의 진행 순서대로 컴퓨터 화면을 제시하여 e-티칭 동시가 어떻게 진행되는지 충분한 시간을 갖고 이해하는데 도움이 되도록 하고자 한다. 또한 어떤 내용의 동시가 몇 개의 화면으로 구성되었고 어느 동시를 선택할지를 결정하고 검토하는데도 도움이 될 것이다.

CD에 제시된 18편 각각의 동시는 동시수업에 활용하기 편리하도록 한번 클릭으로 시작하여 끝마무리까지 할 수 있도록 기능을 고정하였다. 또 간혹 동시수업중에 멈춰야 할 경우 및 이어서 시작해야 하는 경우, 어떻게 파워 포인트 기능 및 마우스를 조작해야 하는지 간단하게 제시하였다.

아무튼 유아교육 현장에서 유아와 교사가 동시수업에 편리하고 익숙하게 e-티칭 동시를 접근할 수 있기를 기대하며 e-티칭 동시의 재생 및 활용에 필요한 정보를 컴퓨터 화면을 캡쳐하여 제시하고자 한다. e-티칭 동시, 하나 하나를 충분히 살펴서 적합하고 순조롭게 동시수업에 활용되길 바란다. 18편의 e-티칭 동시의 글과 배경화면을 제시하면 다음과 같다.

1) 거미

- **e-티칭 동시 제목 : 거미**
- **e-티칭 동시 개발 및 제작자**
  - 설다미(2012학년도 3-1학기, 유아교수매체 수강학생)
  - 강미희(2012학년도 3-1학기, 유아교수매체 담당교수)
- **동시 지은이 : 위청비**
- **동시 출처 : 싸이월드 블로그**

<table>
<tr><th>슬라이드 번호</th><th>PPT 슬라이드 장면</th><th>작동방법(■)</th></tr>
<tr><td>1</td><td>
</td><td>① 거미 폴더를 클릭한다.
② PPT 아이콘 을 클릭한다.
③ [F5] 버튼을 누른다.
④ 동시 제목과 동시 낭송 및 배경음악, 배경화면이 자동으로 나온다.</td></tr>
<tr><td>2</td><td>

</td><td>※ 부분적으로 일시 중지하여 유아들과 상호작용 하고자 할 경우는 마우스 오른쪽 버튼을 누르고 [일시 중지 (S)]를 누른다. 다시 시작하고자 할 경우는 [다시 시작 (S)]를 누른다.

※ 만약 마우스 오른쪽 버튼을 눌렀을 때, 메뉴 바에 [일시중지(S)]와 [다시시작(S)]이 나타나지 않는 경우는 마우스 오른쪽 버튼을 누르면 일시 중지가 되고 [ESC]버튼을 누르면 다시 재생된다.

• 아무런 조작을 하지 않아도 음성 녹음에 맞춰 검정색 글씨가 1연씩 제시된다.
• 동시 글에 맞게 배경화면의 변화와 음향효과가 자동으로 나온다.</td></tr>
<tr><td>3</td><td>
</td><td>① 처음부터 다시 듣고 싶을 경우는 [ESC] 버튼을 누른다.
② [F5] 버튼을 누른다.</td></tr>
</table>

2) 거북이

- **e-티칭 동시 제목 : 거북이**
- **e-티칭 동시 개발 및 제작자**
  - 김서희(2012학년도 3-1학기, 유아교수매체 수강학생)
  - 강미희(2012학년도 3-1학기, 유아교수매체 담당교수)
- **동시 지은이 : 작가 미상**
- **동시 출처 : 키드키즈**

슬라이드 번 호	PPT 슬라이드 장면	작동방법(■)
1		① 거북이 폴더를 클릭한다. ② PPT 아이콘 을 클릭한다. ③ [F5] 버튼을 누른다. ④ 동시 제목과 동시 낭송 및 배경음악, 배경화면이 자동으로 나온다.
2	 	※ 부분적으로 일시 중지하여 유아들과 상호작용 하고자 할 경우는 마우스 오른쪽 버튼을 누르고 [일시 중지 (S)]를 누른다. 다시 시작하고자 할 경우는 [다시 시작(S)]를 누른다. ※ 만약 마우스 오른쪽 버튼을 눌렀을 때, 메뉴 바에 [일시중지(S)]와 [다시시작(S)]이 나타나지 않는 경우는 마우스 오른쪽 버튼을 누르면 일시 중지가 되고 [ESC] 버튼을 누르면 다시 재생된다. • 아무런 조작을 하지 않아도 음성 녹음에 맞춰 검정색 글씨가 1행씩 제시된다. • 동시 글에 맞게 배경화면의 변화와 음향효과가 자동으로 나온다.
3		① 처음부터 다시 듣고 싶을 경우는 [ESC] 버튼을 누른다. ② [F5] 버튼을 누른다.

3) 거북이 책가방

■ **e-티칭 동시 제목 : 거북이 책가방**

■ **e-티칭 동시 개발 및 제작자**

- 배보라(2012학년도 3-1학기, 유아교수매체 수강학생)
- 강미희(2012학년도 3-1학기, 유아교수매체 담당교수)

■ **동시 지은이 : 작가 미상**

■ **동시 출처 : 다음 카페**

<table>
<tr><th>슬라이드
번 호</th><th>PPT 슬라이드 장면</th><th>작동방법(■)</th></tr>
<tr><td>1</td><td>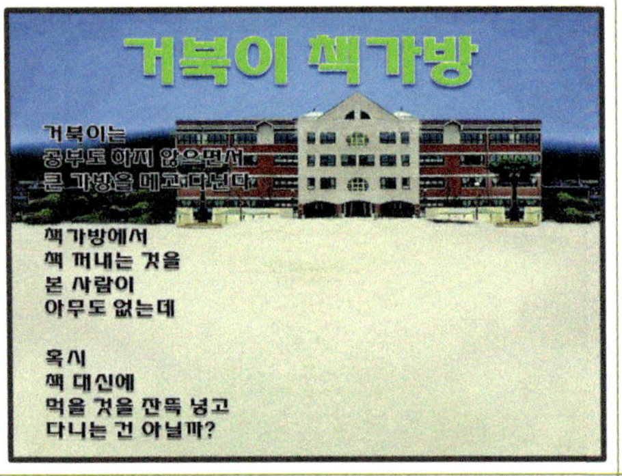</td><td>① 거북이 책가방 폴더를 클릭한다.
② PPT 아이콘 을 클릭한다.
③ [F5] 버튼을 누른다.
④ 동시 제목과 동시 낭송 및 배경음악, 배경화면이 자동으로 나온다.</td></tr>
<tr><td>2</td><td>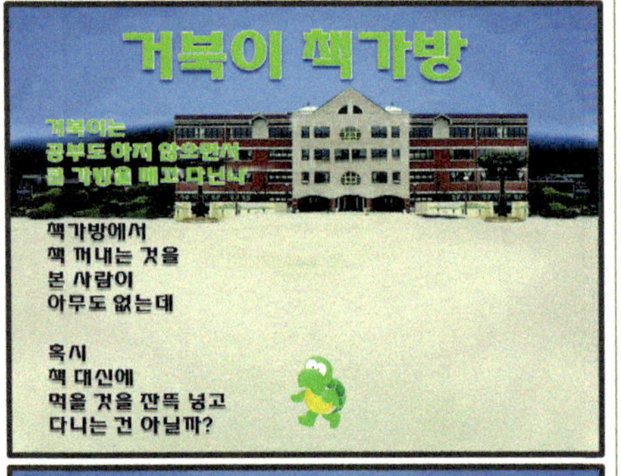</td><td>※ 부분적으로 일시 중지하여 유아들과 상호작용 하고자 할 경우는 마우스 오른쪽 버튼을 누르고 [일시 중지 (S)]를 누른다. 다시 시작하고자 할 경우는 [다시 시작 (S)]를 누른다.

※ 만약 마우스 오른쪽 버튼을 눌렀을 때, 메뉴 바에 [일시중지(S)]와 [다시시작(S)]이 나타나지 않는 경우는 마우스 오른쪽 버튼을 누르면 일시 중지가 되고 [ESC] 버튼을 누르면 다시 재생된다.

• 아무런 조작을 하지 않아도 음성 녹음에 맞춰 검정색 글씨가 1행씩 초록색으로 변한다.

• 동시 글에 맞게 배경화면의 변화와 음향효과가 자동으로 나온다.</td></tr>
<tr><td>3</td><td></td><td>① 처음부터 다시 듣고 싶을 경우는 [ESC] 버튼을 누른다.

② [F5] 버튼을 누른다.</td></tr>
</table>

4) 골고루 먹어요

- **e-티칭 동시 제목 : 골고루 먹어요**
- **e-티칭 동시 개발 및 제작자**
  - 김미영(2012학년도 3-1학기, 유아교수매체 수강학생)
  - 강미희(2012학년도 3-1학기, 유아교수매체 담당교수)
- **동시 지은이 : 김미영**

<table>
<tr><th>슬라이드
번 호</th><th>PPT 슬라이드 장면</th><th>작동방법(■)</th></tr>
<tr><td>1</td><td></td><td>① 골고루 먹어요 폴더를 클릭한다.
② PPT 아이콘 을 클릭한다.
③ [F5] 버튼을 누른다.
④ 동시 제목과 동시 낭송 및 배경음악, 배경화면이 자동으로 나온다.</td></tr>
<tr><td>2</td><td>
</td><td>※ 부분적으로 일시 중지하여 유아들과 상호작용 하고자 할 경우는 마우스 오른쪽 버튼을 누르고 [일시 중지 (S)]를 누른다. 다시 시작하고자 할 경우는 [다시 시작 (S)]를 누른다.

※ 만약 마우스 오른쪽 버튼을 눌렀을 때, 메뉴 바에 [일시중지(S)]와 [다시시작(S)]이 나타나지 않는 경우는 마우스 오른쪽 버튼을 누르면 일시 중지가 되고 [ESC]버튼을 누르면 다시 재생된다.

• 아무런 조작을 하지 않아도 음성 녹음에 맞춰 검정색 글씨가 1행씩 제시된다.

• 동시 글에 맞게 배경화면의 변화와 음향효과가 자동으로 나온다.</td></tr>
<tr><td>3</td><td></td><td>① 처음부터 다시 듣고 싶을 경우는 [ESC] 버튼을 누른다.

② [F5] 버튼을 누른다.</td></tr>
</table>

5) 꼭꼭 숨은 도마뱀

- **e-티칭 동시 제목 : 꼭꼭 숨은 도마뱀**
- **e-티칭 동시 개발 및 제작자**
  - 박신영(2012학년도 3-1학기, 유아교수매체 수강학생)
  - 강미희(2012학년도 3-1학기, 유아교수매체 담당교수)
- **동시 지은이 : 박신영**

슬라이드 번 호	PPT 슬라이드 장면	작동방법(■)
1		① 꼭꼭 숨은 도마뱀 폴더를 클릭한다. ② PPT 아이콘  을 클릭한다. ③ [F5] 버튼을 누른다. ④ 동시 제목과 동시 낭송 및 배경음악, 배경화면이 자동으로 나온다.
2	 	※ 부분적으로 일시 중지하여 유아들과 상호 작용 하고자 할 경우는 마우스 오른쪽 버튼을 누르고 [일시 중지 (S)]를 누른다. 다시 시작하고자 할 경우는 [다시 시작 (S)]를 누른다. ※ 만약 마우스 오른쪽 버튼을 눌렀을 때, 메뉴 바에 [일시중지(S)]와 [다시시작(S)]이 나타나지 않는 경우는 마우스 오른쪽 버튼을 누르면 일시 중지가 되고 [ESC]버튼을 누르면 다시 재생된다. • 아무런 조작을 하지 않아도 음성 녹음에 맞춰 검정색 글씨가 2행 또는 1행씩 순서대로 제시된다. • 동시 글에 맞게 배경화면의 변화와 음향효과가 자동으로 나온다.
3		① 처음부터 다시 듣고 싶을 경우는 [ESC] 버튼을 누른다. ② [F5] 버튼을 누른다.

6) 꽃게야 꽃게야

■ **e-티칭 동시 제목 : 꽃게야 꽃게야**

■ **e-티칭 동시 개발 및 제작자**

- 강수지(2012학년도 3-1학기, 유아교수매체 수강학생)
- 강미희(2012학년도 3-1학기, 유아교수매체 담당교수)

■ **동시 지은이 : 강수지**

슬라이드 번 호	PPT 슬라이드 장면	작동방법(■)
1		① 꽃게야 꽃게야 폴더를 클릭한다. ② PPT 아이콘  을 클릭한다. ③ [F5] 버튼을 누른다. ④ 동시 제목과 동시 낭송 및 배경음악, 배경화면이 자동으로 나온다.
2	 	※ 부분적으로 일시 중지하여 유아들과 상호 작용 하고자 할 경우는 마우스 오른쪽 버튼을 누르고 [일시 중지 (S)]를 누른다. 다시 시작하고자 할 경우는 [다시 시작 (S)]를 누른다. ※ 만약 마우스 오른쪽 버튼을 눌렀을 때, 메뉴 바에 [일시중지(S)]와 [다시시작(S)]이 나타나지 않는 경우는 마우스 오른쪽 버튼을 누르면 일시 중지가 되고 [ESC]버튼을 누르면 다시 재생된다. • 아무런 조작을 하지 않아도 음성 녹음에 맞춰 검정색 글씨가 1행씩 순서대로 제시된다. • 동시 글에 맞게 배경화면의 변화와 음향 효과가 자동으로 나온다.
3		① 처음부터 다시 듣고 싶을 경우는 [ESC] 버튼을 누른다. ② [F5] 버튼을 누른다.

7) 나의 몸

- **e-티칭 동시 제목 : 나의 몸**
- **e-티칭 동시 개발 및 제작자**
  - 박도연(2012학년도 3-1학기, 유아교수매체 수강학생)
  - 강미희(2012학년도 3-1학기, 유아교수매체 담당교수)
- **동시 지은이 : 작가 미상**
- **동시 출처 : 키드키즈**

<table>
<tr><th>슬라이드 번 호</th><th>PPT 슬라이드 장면</th><th>작동방법(■)</th></tr>
<tr><td>1</td><td>
</td><td>① 나의 몸 폴더를 클릭한다.
② PPT 아이콘 을 클릭한다.
③ [F5] 버튼을 누른다.
④ 동시 제목과 동시 낭송 및 배경음악, 배경화면이 자동으로 나온다.</td></tr>
<tr><td>2</td><td>

</td><td>※ 부분적으로 일시 중지하여 유아들과 상호작용 하고자 할 경우는 마우스 오른쪽 버튼을 누르고 [일시 중지 (S)]를 누른다. 다시 시작하고자 할 경우는 [다시 시작 (S)]를 누른다.

※ 만약 마우스 오른쪽 버튼을 눌렀을 때, 메뉴 바에 [일시중지(S)]와 [다시시작(S)]이 나타나지 않는 경우는 마우스 오른쪽 버튼을 누르면 일시 중지가 되고 [ESC]버튼을 누르면 다시 재생된다.

• 아무런 조작을 하지 않아도 음성 녹음에 맞춰 검정색 글씨가 1행씩 순서대로 제시된다.

• 동시 글에 맞게 배경화면의 변화와 음향효과가 자동으로 나온다.</td></tr>
</table>

슬라이드 번호	PPT 슬라이드 장면	작동방법(■)

		**※ 부분적으로 일시 중지하여 유아들과 상호용 하고자 할 경우는 마우스 오른쪽 버튼을 누르고 [일시 중지 (S)]를 누른다. 다시 시작하고자 할 경우는 [다시 시작 (S)]를 누른다.** **※ 만약 마우스 오른쪽 버튼을 눌렀을 때, 메뉴 바에 [일시중지(S)]와 [다시시작(S)]이 나타나지 않는 경우는 마우스 오른쪽 버튼을 누르면 일시 중지가 되고 [ESC]버튼을 누르면 다시 재생된다.** • 아무런 조작을 하지 않아도 음성 녹음에 맞춰 검정색 글씨가 1행씩 순서대로 제시된다.
	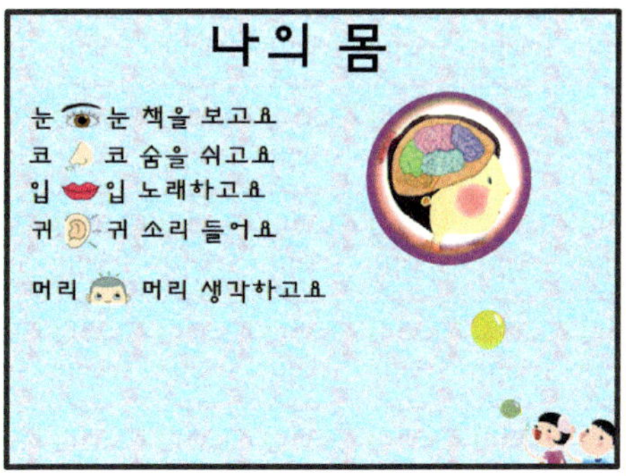	• 동시 글에 맞게 배경화면의 변화와 음향효과가 자동으로 나온다.

슬라이드 번 호	PPT 슬라이드 장면	작동방법(■)
	 	※ 부분적으로 일시 중지하여 유아들과 상호용 하고자 할 경우는 마우스 오른쪽 버튼을 누르고 [일시 중지 (S)]를 누른다. 다시 시작하고자 할 경우는 [다시 시작 (S)]를 누른다. ※ 만약 마우스 오른쪽 버튼을 눌렀을 때, 메뉴 바에 [일시중지(S)]와 [다시시작(S)]이 나타나지 않는 경우는 마우스 오른쪽 버튼을 누르면 일시 중지가 되고 [ESC]버튼을 누르면 다시 재생된다. • 아무런 조작을 하지 않아도 음성 녹음에 맞춰 검정색 글씨가 1행씩 순서대로 제시된다. • 동시 글에 맞게 배경화면의 변화와 음향 효과가 자동으로 나온다.
3		① 처음부터 다시 듣고 싶을 경우는 [ESC] 버튼을 누른다. ② [F5] 버튼을 누른다.

8) 뒤뚱 뒤뚱 신사

- **e-티칭 동시 제목 : 뒤뚱 뒤뚱 신사**
- **e-티칭 동시 개발 및 제작자**
  - 김해리(2012학년도 3-1학기, 유아교수매체 수강학생)
  - 강미희(2012학년도 3-1학기, 유아교수매체 담당교수)
- **동시 지은이 : 작가 미상**
- **동시 출처 : 네이버 블로그**

<table>
<tr><th>슬라이드 번 호</th><th>PPT 슬라이드 장면</th><th>작동방법(■)</th></tr>
<tr><td>1</td><td>
</td><td>① 뒤뚱 뒤뚱 신사 폴더를 클릭한다.
② PPT 아이콘 을 클릭한다.
③ [F5] 버튼을 누른다.
④ 동시 제목과 동시 낭송 및 배경음악, 배경화면이 자동으로 나온다.</td></tr>
<tr><td>2</td><td>

</td><td>※ 부분적으로 일시 중지하여 유아들과 상호작용 하고자 할 경우는 마우스 오른쪽 버튼을 누르고 [일시 중지 (S)]를 누른다. 다시 시작하고자 할 경우는 [다시 시작 (S)]를 누른다.

※ 만약 마우스 오른쪽 버튼을 눌렀을 때, 메뉴 바에 [일시중지(S)]와 [다시시작(S)]이 나타나지 않는 경우는 마우스 오른쪽 버튼을 누르면 일시 중지가 되고 [ESC]버튼을 누르면 다시 재생된다.

• 아무런 조작을 하지 않아도 음성 녹음에 맞춰 파란색 글씨가 1행씩 순서대로 제시된다.

• 동시 글에 맞게 배경화면의 변화와 음향 효과가 자동으로 나온다.</td></tr>
<tr><td>3</td><td>
</td><td>① 처음부터 다시 듣고 싶을 경우는 [ESC] 버튼을 누른다.

② [F5] 버튼을 누른다.</td></tr>
</table>

9) 만약에 나에게 비행기가 있다면

■ **e-티칭 동시 제목 : 만약에 나에게 비행기가 있다면**

■ **e-티칭 동시 개발 및 제작자**

- 김지은(2012학년도 3-1학기, 유아교수매체 수강학생)
- 강미희(2012학년도 3-1학기, 유아교수매체 담당교수)

■ **동시 지은이 : 김지은**

슬라이드 번 호	PPT 슬라이드 장면	작동방법(■)
1		① 만약에 나에게 비행기가 있다면 폴더를 클릭한한다. ② PPT 아이콘  을 클릭한다. ③ [F5] 버튼을 누른다. ④ 동시 제목과 동시 낭송 및 배경음악, 배경화면이 자동으로 나온다.
2	  	**※ 부분적으로 일시 중지하여 유아들과 상호작용 하고자 할 경우는 마우스 오른쪽 버튼을 누르고 [일시 중지 (S)]를 누른다. 다시 시작하고자 할 경우는 [다시 시작 (S)]를 누른다.** **※ 만약 마우스 오른쪽 버튼을 눌렀을 때, 메뉴 바에 [일시중지(S)]와 [다시시작(S)]이 나타나지 않는 경우는 마우스 오른쪽 버튼을 누르면 일시 중지가 되고 [ESC]버튼을 누르면 다시 재생된다.** • 아무런 조작을 하지 않아도 음성 녹음에 맞춰 검정색 글씨가 1행씩 순서대로 제시된다. • 동시 글에 맞게 배경화면의 변화와 음향효과가 자동으로 나온다.
3		① 처음부터 다시 듣고 싶을 경우는 [ESC] 버튼을 누른다. ② [F5] 버튼을 누른다.

10) 무지개 물고기

■ **e-티칭 동시 제목 : 무지개 물고기**

■ **e-티칭 동시 개발 및 제작자**

- 마미(2012학년도 3-1학기, 유아교수매체 수강학생)
- 강미희(2012학년도 3-1학기, 유아교수매체 담당교수)

■ **동시 지은이 : 이은주**

■ **동시 출처 : 네이버 카페**

슬라이드 번 호	PPT 슬라이드 장면	작동방법(■)
1		① 무지개 물고기 폴더를 클릭한다. ② PPT 아이콘 을 클릭한다. ③ [F5] 버튼을 누른다. ④ 동시 제목과 동시 낭송 및 배경음악, 배경화면이 자동으로 나온다.
2	 	※ 부분적으로 일시 중지하여 유아들과 상호 작용 하고자 할 경우는 마우스 오른쪽 버튼을 누르고 [일시 중지 (S)]를 누른다. 다시 시작하고자 할 경우는 [다시 시작 (S)]를 누른다. ※ 만약 마우스 오른쪽 버튼을 눌렀을 때, 메뉴 바에 [일시중지(S)]와 [다시시작(S)]이 나타나지 않는 경우는 마우스 오른쪽 버튼을 누르면 일시 중지가 되고 [ESC]버튼을 누르면 다시 재생된다. • 아무런 조작을 하지 않아도 음성 녹음에 맞춰 검정색 글씨가 2행씩 순서대로 제시된다. • 동시 글에 맞게 배경화면의 변화와 음향 효과가 자동으로 나온다.

슬라이드 번 호	PPT 슬라이드 장면	작동방법(■)
	 	※ 부분적으로 일시 중지하여 유아들과 상호작용 하고자 할 경우는 마우스 오른쪽 버튼을 누르고 [일시 중지 (S)]를 누른다. 다시 시작하고자 할 경우는 [다시 시작 (S)]를 누른다. ※ 만약 마우스 오른쪽 버튼을 눌렀을 때, 메뉴 바에 [일시중지(S)]와 [다시시작(S)]이 나타나지 않는 경우는 마우스 오른쪽 버튼을 누르면 일시 중지가 되고 [ESC]버튼을 누르면 다시 재생된다. • 아무런 조작을 하지 않아도 음성 녹음에 맞춰 검정색 글씨가 2행씩 순서대로 제시된다. • 동시 글에 맞게 배경화면의 변화와 음향 효과가 자동으로 나온다.
3	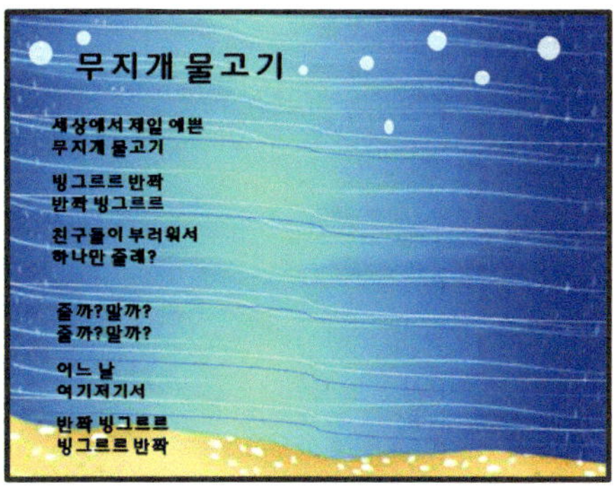	① 처음부터 다시 듣고 싶을 경우는 [ESC] 버튼을 누른다. ② [F5] 버튼을 누른다.

11) 보름달

- **e-티칭 동시 제목 : 보름달**
- **e-티칭 동시 개발 및 제작자**
  - 박영희(2012학년도 3-1학기, 유아교수매체 수강학생)
  - 강미희(2012학년도 3-1학기, 유아교수매체 담당교수)
- **동시 지은이 : 작가 미상**
- **동시 출처 : 네이버 카페**

슬라이드 번 호	PPT 슬라이드 장면	작동방법(■)
1		① 보름달 폴더를 클릭한다. ② PPT 아이콘 을 클릭한다. ③ [F5] 버튼을 누른다. ④ 동시 제목과 동시 낭송 및 배경음악, 배경화면이 자동으로 나온다.
2		※ 부분적으로 일시 중지하여 유아들과 상호작용 하고자 할 경우는 마우스 오른쪽 버튼을 누르고 [일시 중지 (S)]를 누른다. 다시 시작하고자 할 경우는 [다시 시작 (S)]를 누른다. ※ 만약 마우스 오른쪽 버튼을 눌렀을 때, 메뉴 바에 [일시중지(S)]와 [다시시작(S)]이 나타나지 않는 경우는 마우스 오른쪽 버튼을 누르면 일시 중지가 되고 [ESC]버튼을 누르면 다시 재생된다. • 아무런 조작을 하지 않아도 음성 녹음에 맞춰 흰색글씨가 노랑색 글씨로 바뀌면서 1행씩 순서대로 제시된다. • 동시 글에 맞게 배경화면의 변화와 음향효과가 자동으로 나온다.
3		① 처음부터 다시 듣고 싶을 경우는 [ESC] 버튼을 누른다. ② [F5] 버튼을 누른다.

12) 우리 친구 소방차

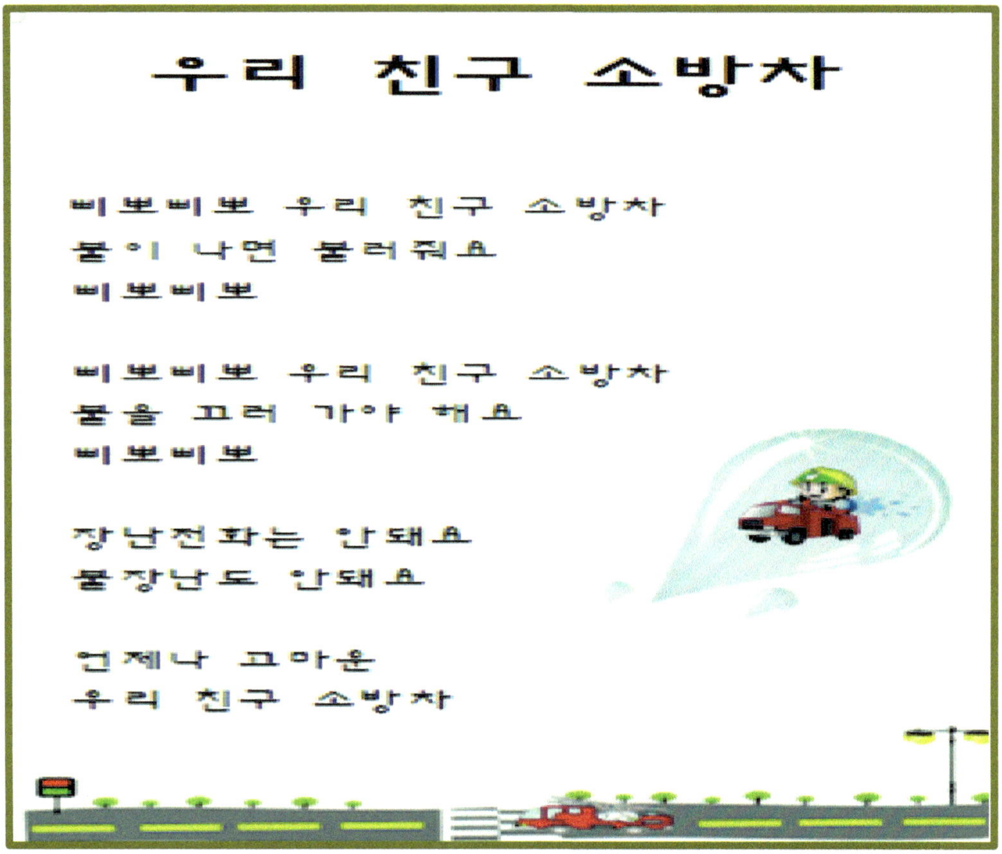

- **e-티칭 동시 제목 : 우리 친구 소방차**
- **e-티칭 동시 개발 및 제작자**
  - 최미덕(2012학년도 3-1학기, 유아교수매체 수강학생)
  - 강미희(2012학년도 3-1학기, 유아교수매체 담당교수)
- **동시 지은이 : 최미덕**

<table>
<tr><th>슬라이드 번 호</th><th>PPT 슬라이드 장면</th><th>작동방법(■)</th></tr>
<tr><td>1</td><td>
</td><td>① 우리 친구 소방차 폴더를 클릭한다.
② PPT 아이콘  을 클릭한다.
③ [F5] 버튼을 누른다.
④ 동시 제목과 동시 낭송 및 배경음악, 배경화면이 자동으로 나온다.</td></tr>
<tr><td>2</td><td>

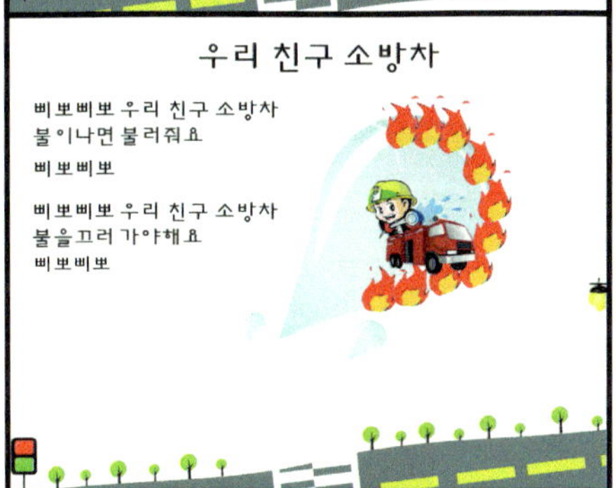

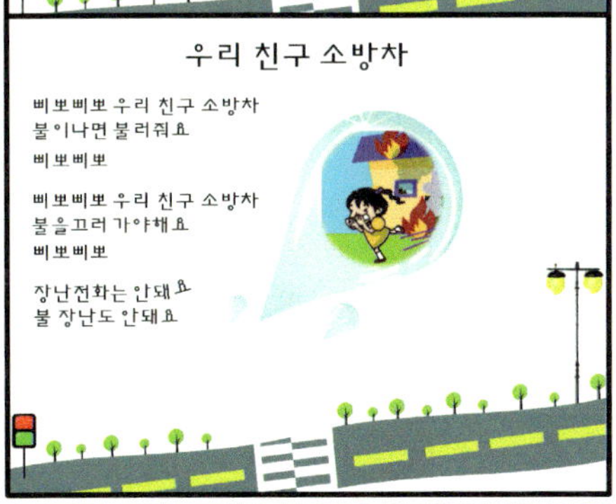
</td><td>※ 부분적으로 일시 중지하여 유아들과 상호작용 하고자 할 경우는 마우스 오른쪽 버튼을 누르고 [일시 중지 (S)]를 누른다. 다시 시작하고자 할 경우는 [다시 시작(S)]를 누른다.

※ 만약 마우스 오른쪽 버튼을 눌렀을 때, 메뉴 바에 [일시 중지(S)]와 [다시시작(S)]이 나타나지 않는 경우는 마우스 오른쪽 버튼을 누르면 일시 중지가 되고 [ESC] 버튼을 누르면 다시 재생된다.

• 아무런 조작을 하지 않아도 음성 녹음에 맞춰 검정색 글씨가 2행 또는 1행씩 순서대로 제시된다.

• 동시 글에 맞게 배경화면의 변화와 음향 효과가 자동으로 나온다.</td></tr>
</table>

13) 우주나라

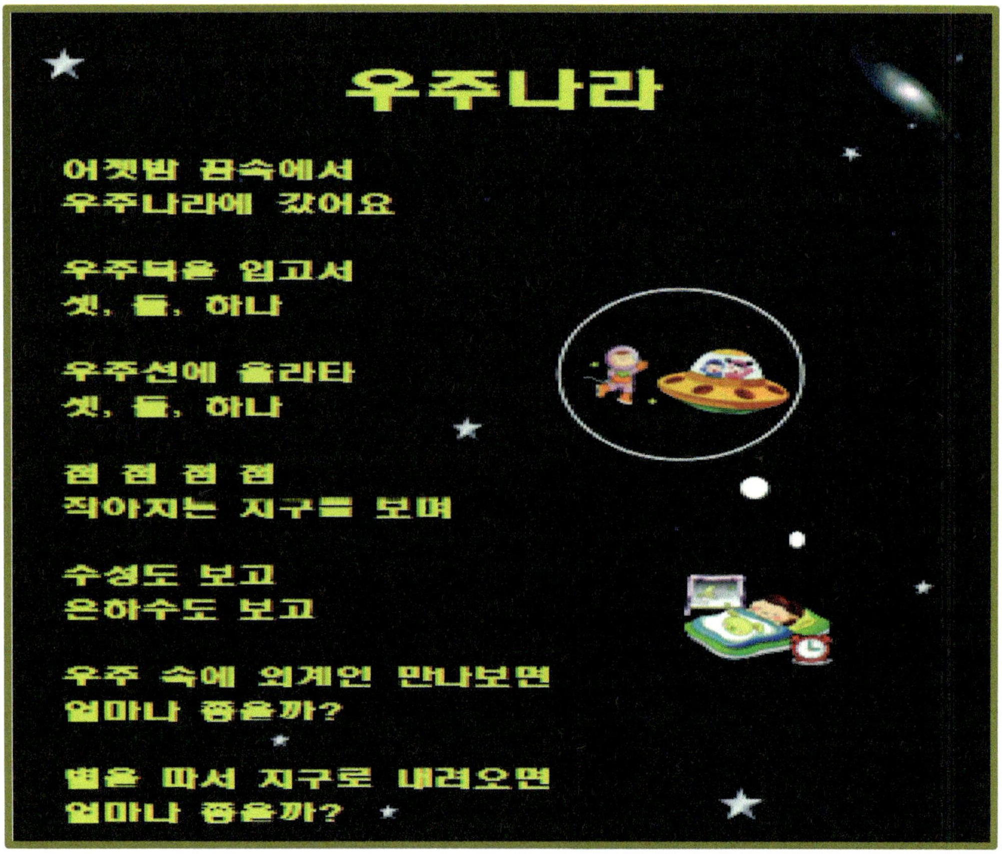

- ■ e-티칭 동시 제목 : 우주나라
- ■ e-티칭 동시 개발 및 제작자
  - 편강공주(2012학년도 3-1학기, 유아교수매체 수강학생)
  - 강미희(2012학년도 3-1학기, 유아교수매체 담당교수)
- ■ 동시 지은이 : 안미정
- ■ 동시 출처 : 네이버 블로그

슬라이드 번 호	PPT 슬라이드 장면	작동방법(■)
1		① 우주나라 폴더를 클릭한다. ② PPT 아이콘  을 클릭한다. ③ [F5] 버튼을 누른다. ④ 동시 제목과 동시 낭송 및 배경음악, 배경화면이 자동으로 나온다.
2	 	※ 부분적으로 일시 중지하여 유아들과 상호작용 하고자 할 경우는 마우스 오른쪽 버튼을 누르고 [일시 중지 (S)]를 누른다. 다시 시작하고자 할 경우는 [다시 시작 (S)]를 누른다. ※ 만약 마우스 오른쪽 버튼을 눌렀을 때, 메뉴 바에 [일시 중지(S)]와 [다시시작(S)]이 나타나지 않는 경우는 마우스 오른쪽 버튼을 누르면 일시 중지가 되고 [ESC] 버튼을 누르면 다시 재생된다. • 아무런 조작을 하지 않아도 음성 녹음에 맞춰 노란색 글씨가 2행씩 나온다. • 동시 글에 맞게 배경화면의 변화와 음향효과가 자동으로 나온다.

<table>
<tr><th>슬라이드 번 호</th><th>PPT 슬라이드 장면</th><th>작동방법(■)</th></tr>
<tr><td></td><td>

</td><td>※ 9행~10행("수성도 보고 은하수도 보고")의 동시 글과 낭송이 나오기 전에 마우스 왼쪽 버튼을 꼭 눌러준다. 그러면 행성 8개가 우주에 퍼지는 장면이 나온다.

※ 만약 마우스 오른쪽 버튼을 눌렀을 때, 메뉴 바에 [일시 중지(S)]와 [다시시작(S)]이 나타나시 않는 경우는 마우스 오른쪽 버튼을 누르면 일시 중지가 되고 [ESC] 버튼을 누르면 다시 재생된다.

• 아무런 조작을 하지 않아도 음성 녹음에 맞춰 노란색 글자가 2행씩 제시된다.

• 동시 글에 맞게 배경화면의 변화와 음향 효과가 자동으로 나온다.</td></tr>
<tr><td>3</td><td>
</td><td>① 처음부터 다시 듣고 싶을 경우는 [ESC] 버튼을 누른다.

② [F5] 버튼을 누른다.</td></tr>
</table>

14) 위장술 곤충

- **e-티칭 동시 제목 : 위장술 곤충**
- **e-티칭 동시 개발 및 제작자**
  - 김보현(2012학년도 3-1학기, 유아교수매체 수강학생)
  - 강미희(2012학년도 3-1학기, 유아교수매체 담당교수)
- **동시 지은이 : 김보현**

<table>
<tr><th>슬라이드
번 호</th><th>PPT 슬라이드 장면</th><th>작동방법(■)</th></tr>
<tr><td>1</td><td>
</td><td>① 위장술 곤충 폴더를 클릭한다.
② PPT 아이콘 을 클릭한다.
③ [F5] 버튼을 누른다.
④ 동시 제목과 동시 낭송 및 배경음악, 배경화면이 자동으로 나온다.</td></tr>
<tr><td>2</td><td>

</td><td>※ 부분적으로 일시 중지하여 유아들과 상호작용 하고자 할 경우는 마우스 오른쪽 버튼을 누르고 [일시 중지 (S)]를 누른다. 다시 시작하고자 할 경우는 [다시 시작(S)]를 누른다.

※ 만약 마우스 오른쪽 버튼을 눌렀을 때, 메뉴 바에 [일시 중지(S)]와 [다시시작(S)]이 나타나지 않는 경우는 마우스 오른쪽 버튼을 누르면 일시 중지가 되고 [ESC] 버튼을 누르면 다시 재생된다.

• 아무런 조작을 하지 않아도 음성 녹음에 맞춰 검정색 1행 또는 2행씩 순서대로 나온다.

• 동시 글에 맞게 배경화면의 변화와 음향 효과가 자동으로 나온다.</td></tr>
</table>

슬라이드 번 호	PPT 슬라이드 장면	작동방법(■)
	  	※ 부분적으로 일시 중지하여 유아들과 상호작용 하고자 할 경우는 마우스 오른쪽 버튼을 누르고 [일시 중지 (S)]를 누른다. 다시 시작하고자 할 경우는 [다시 시작(S)]를 누른다. ※ 만약 마우스 오른쪽 버튼을 눌렀을 때, 메뉴 바에 [일시 중지(S)]와 [다시시작(S)]이 나타나지 않는 경우는 마우스 오른쪽 버튼을 누르면 일시 중지가 되고 [ESC] 버튼을 누르면 다시 재생된다. • 아무런 조작을 하지 않아도 음성 녹음에 맞춰 검정색 글씨가 1행 또는 2행씩 순서대로 나온다. • 동시 글에 맞게 배경화면의 변화와 음향 효과가 자동으로 나온다.

슬라이드 번 호	PPT 슬라이드 장면	작동방법(■)
	 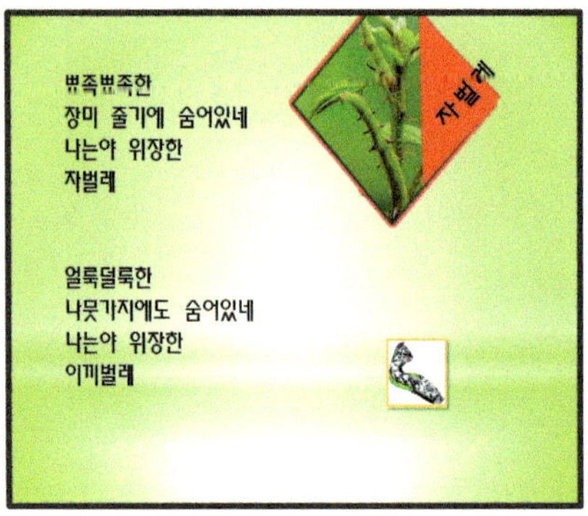	※ 부분적으로 일시 중지하여 유아들과 상호작용 하고자 할 경우는 마우스 오른쪽 버튼을 누르고 [일시 중지 (S)]를 누른다. 다시 시작하고자 할 경우는 [다시 시작(S)]를 누른다. ※ 만약 마우스 오른쪽 버튼을 눌렀을 때, 메뉴 바에 [일시 중지(S)]와 [다시시작(S)]이 나타나지 않는 경우는 마우스 오른쪽 버튼을 누르면 일시 중지가 되고 [ESC] 버튼을 누르면 다시 재생된다. • 아무런 조작을 하지 않아도 음성 녹음에 맞춰 검정색 글씨가 1행 또는 2행씩 순서대로 나온다. • 동시 글에 맞게 배경화면의 변화와 음향 효과가 자동으로 나온다.
3		① 처음부터 다시 듣고 싶을 경우는 [ESC] 버튼을 누른다. ② [F5] 버튼을 누른다

15) 자석에 대어 보세요

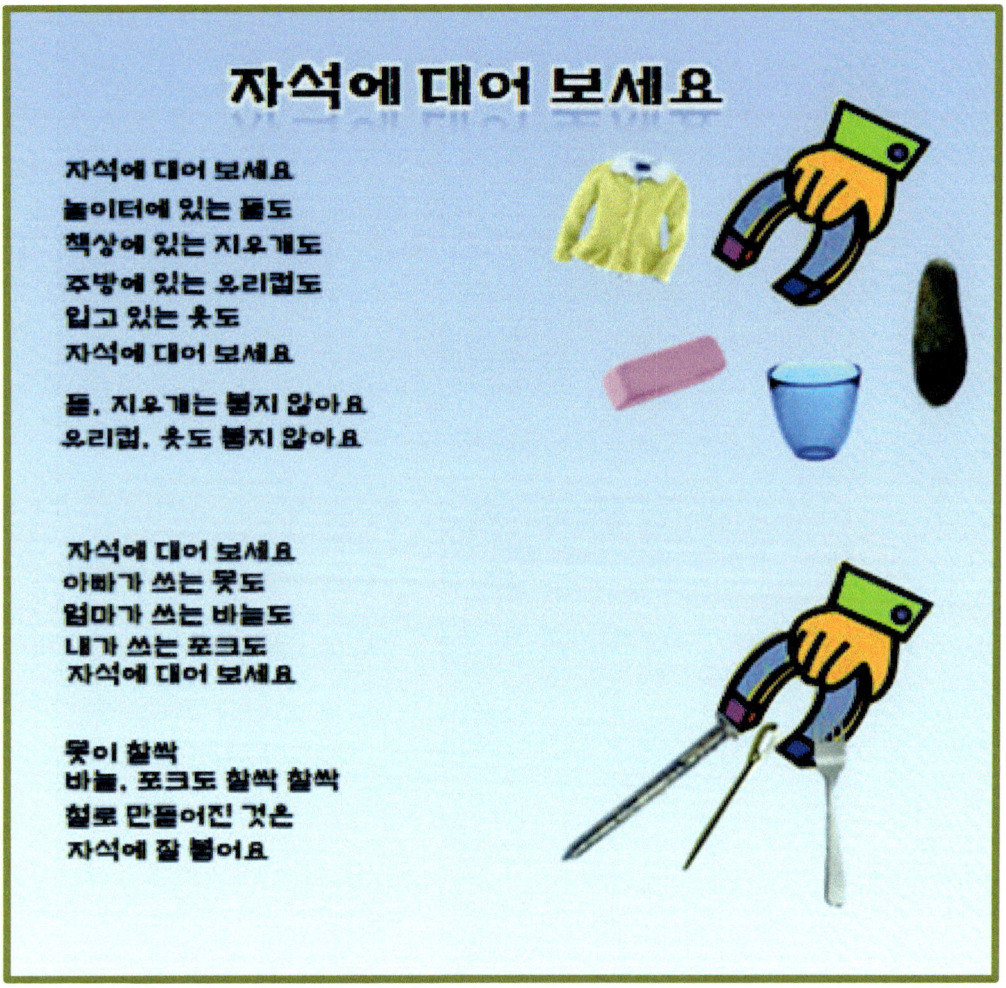

- **e-티칭 동시 제목 : 자석에 대어 보세요**
- **e-티칭 동시 개발 및 제작자**
  - 김미선(2012학년도 3-1학기, 유아교수매체 수강학생)
  - 강미희(2012학년도 3-1학기, 유아교수매체 담당교수)
- **동시 지은이 : 김미선**

<table>
<tr><th>슬라이드 번 호</th><th>PPT 슬라이드 장면</th><th>작동방법(■)</th></tr>
<tr><td>1</td><td></td><td>① 자석에 대어 보세요 폴더를 클릭한다.
② PPT 아이콘  을 클릭한다.
③ [F5] 버튼을 누른다.
④ 동시 제목과 동시 낭송 및 배경음악, 배경화면이 자동으로 나온다.</td></tr>
<tr><td>2</td><td>
</td><td>※ 부분적으로 일시 중지하여 유아들과 상호작용 하고자 할 경우는 마우스 오른쪽 버튼을 누르고 [일시 중지 (S)]를 누른다. 다시 시작하고자 할 경우는 [다시 시작 (S)]를 누른다.

※ 만약 마우스 오른쪽 버튼을 눌렀을 때, 메뉴 바에 [일시 중지(S)]와 [다시시작(S)]이 나타나지 않는 경우는 마우스 오른쪽 버튼을 누르면 일시 중지가 되고 [ESC] 버튼을 누르면 다시 재생된다.

• 아무런 조작을 하지 않아도 음성 녹음에 맞춰 검정색 글씨가 1행씩 순서대로 나온다.

• 동시 글에 맞게 배경화면의 변화와 음향 효과가 자동으로 나온다.</td></tr>
</table>

슬라이드 번 호	PPT 슬라이드 장면	작동방법(■)
	  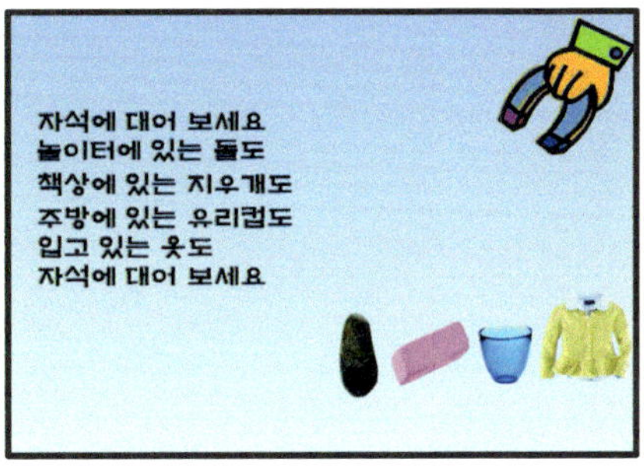 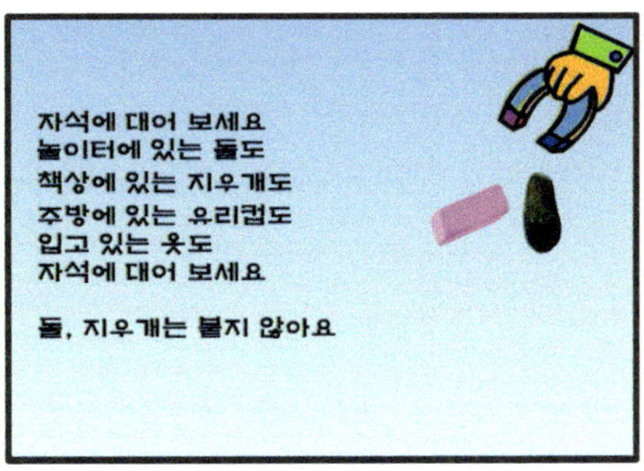 	※ 부분적으로 일시 중지하여 유아들과 상호작용 하고자 할 경우는 마우스 오른쪽 버튼을 누르고 [일시 중지 (S)]를 누른다. 다시 시작하고자 할 경우는 [다시 시작(S)]를 누른다. ※ 만약 마우스 오른쪽 버튼을 눌렀을 때, 메뉴 바에 [일시 중지(S)]와 [다시시작(S)]이 나타나지 않는 경우는 마우스 오른쪽 버튼을 누르면 일시 중지가 되고 [ESC] 버튼을 누르면 다시 재생된다. • 아무런 조작을 하지 않아도 음성 녹음에 맞춰 검정색 글씨가 1행씩 순서대로 나온다. • 동시 글에 맞게 배경화면의 변화와 음향 효과가 자동으로 나온다.

슬라이드 번 호	PPT 슬라이드 장면	작동방법(■)
	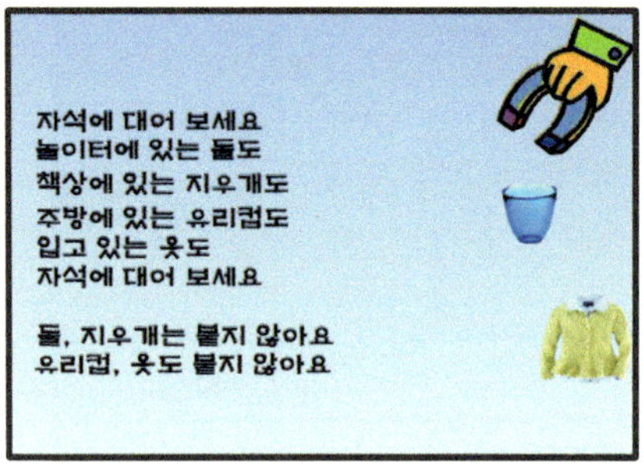 	※ 부분적으로 일시 중지하여 유아들과 상호작용 하고자 할 경우는 마우스 오른쪽 버튼을 누르고 [일시 중지 (S)]를 누른다. 다시 시작하고자 할 경우는 [다시 시작 (S)]를 누른다. ※ 만약 마우스 오른쪽 버튼을 눌렀을 때, 메뉴 바에 [일시 중지(S)]와 [다시시작(S)]이 나타나지 않는 경우는 마우스 오른쪽 버튼을 누르면 일시 중지가 되고 [ESC] 버튼을 누르면 다시 재생된다. • 아무런 조작을 하지 않아도 음성 녹음에 맞춰 검정색 글씨가 1행씩 순서대로 나온다. • 동시 글에 맞게 배경화면의 변화와 음향 효과가 자동으로 나온다.
3		① 처음부터 다시 듣고 싶을 경우는 [ESC] 버튼을 누른다. ② [F5] 버튼을 누른다.

16) 제기차기

- **e-티칭 동시 제목** : 제기차기
- **e-티칭 동시 개발 및 제작자**
  - 손다윤(2012학년도 3-1학기, 유아교수매체 수강학생)
  - 강미희(2012학년도 3-1학기, 유아교수매체 담당교수)
- **동시 지은이** : 작가 미상
- **동시 출처** : 키드키즈
  - 숨바꼭질(박정식 글·김승연 그림, 아동문예, 2010)

슬라이드 번호	PPT 슬라이드 장면	작동방법(■)
1		① 제기차기 폴더를 클릭한다. ② PPT 아이콘 을 클릭한다. ③ [F5] 버튼을 누른다. ④ 동시 제목과 동시 낭송 및 배경음악, 배경화면이 자동으로 나온다.
2		**※ 부분적으로 일시 중지하여 유아들과 상호작용 하고자 할 경우는 마우스 오른쪽 버튼을 누르고 [일시 중지 (S)]를 누른다. 다시 시작하고자 할 경우는 [다시 시작 (S)]를 누른다.** **※ 만약 마우스 오른쪽 버튼을 눌렀을 때, 메뉴 바에 [일시 중지(S)]와 [다시시작(S)]이 나타나지 않는 경우는 마우스 오른쪽 버튼을 누르면 일시 중지가 되고 [ESC] 버튼을 누르면 다시 재생된다.** • 아무런 조작을 하지 않아도 음성 녹음에 맞춰 주황색 글씨로 변하면서 1행씩 순서대로 나온다. • 동시 글에 맞게 배경화면의 변화와 음향효과가 자동으로 나온다.
3		① 처음부터 다시 듣고 싶을 경우는 [ESC] 버튼을 누른다. ② [F5] 버튼을 누른다.

17) 지렁이 한 마리

■ **e-티칭 동시 제목 : 지렁이 한 마리**

■ **e-티칭 동시 개발 및 제작자**

- 봉용의(2012학년도 3-1학기, 유아교수매체 수강학생)
- 강미희(2012학년도 3-1학기, 유아교수매체 담당교수)

■ **동시 지은이 : 작가 미상**

■ **동시 출처 : 네이버 카페**

슬라이드 번호	PPT 슬라이드 장면	작동방법(■)
1		① 지렁이 한 마리 폴더를 클릭한다. ② PPT 아이콘 을 클릭한다. ③ [F5] 버튼을 누른다. ④ 동시 제목과 동시 낭송 및 배경음악, 배경화면이 자동으로 나온다.
2	  	**※ 부분적으로 일시 중지하여 유아들과 상호작용 하고자 할 경우는 마우스 오른쪽 버튼을 누르고 [일시 중지 (S)]를 누른다. 다시 시작하고자 할 경우는 [다시 시작 (S)]를 누른다.** **※ 만약 마우스 오른쪽 버튼을 눌렀을 때, 메뉴바에 [일시 중지(S)]와 [다시시작(S)]이 나타나지 않는 경우는 마우스 오른쪽 버튼을 누르면 일시중지가 되고 [ESC]버튼을 누르면 다시 재생된다.** • 아무런 조작을 하지 않아도 음성 녹음에 맞춰 검정색 글씨가 2행씩 나온다. • 동시 글에 맞게 배경화면의 변화와 음향효과가 자동으로 나온다.
3		① 처음부터 다시 듣고 싶을 경우는 [ESC] 버튼을 누른다. ② [F5] 버튼을 누른다.

18) 할머니집

■ e-티칭 동시 제목 : 할머니 집

■ e-티칭 동시 개발 및 제작자

- 김보람(2012학년도 3-1학기, 유아교수매체 수강학생)
- 강미희(2012학년도 3-1학기, 유아교수매체 담당교수)

■ 동시 지은이 : 김보람

슬라이드 번 호	PPT 슬라이드 장면	작동방법(■)
1		① 할머니 집 폴더를 클릭한다. ② PPT 아이콘 을 클릭한다. ③ [F5] 버튼을 누른다. ④ 동시 제목과 동시 낭송 및 배경음악, 배경화면이 자동으로 나온다.
2	  	**※ 부분적으로 일시 중지하여 유아들과 상호작용하고자 할 경우는 마우스 오른쪽 버튼을 누르고 [일시 중지 (S)]를 누른다. 다시 시작하고자 할 경우는 [다시 시작 (S)]를 누른다.** **※ 만약 마우스 오른쪽 버튼을 눌렀을 때, 메뉴바에 [일시 중지(S)]와 [다시시작(S)]이 나타나지 않는 경우는 마우스 오른쪽 버튼을 누르면 일시중지가 되고 [ESC]버튼을 누르면 다시 재생된다.** • 아무런 조작을 하지 않아도 음성 녹음에 맞춰 검정색 글씨가 1연씩 나온다. • 동시 글에 맞게 배경화면의 변화와 음향효과가 자동으로 나온다.
3		① 처음부터 다시 듣고 싶을 경우는 [ESC] 버튼을 누른다. ② [F5] 버튼을 누른다

3. e-티칭 동시 18편의 동시 글 · 그림 모음집

거북이
엉금엉금 거북이
엉금엉금 바위 위로
앗, 불가사리다!
목을 쑤욱
엉금엉금 거북이
엉금엉금 풀밭 위로
앗, 솔개다!
목을 쏘옥

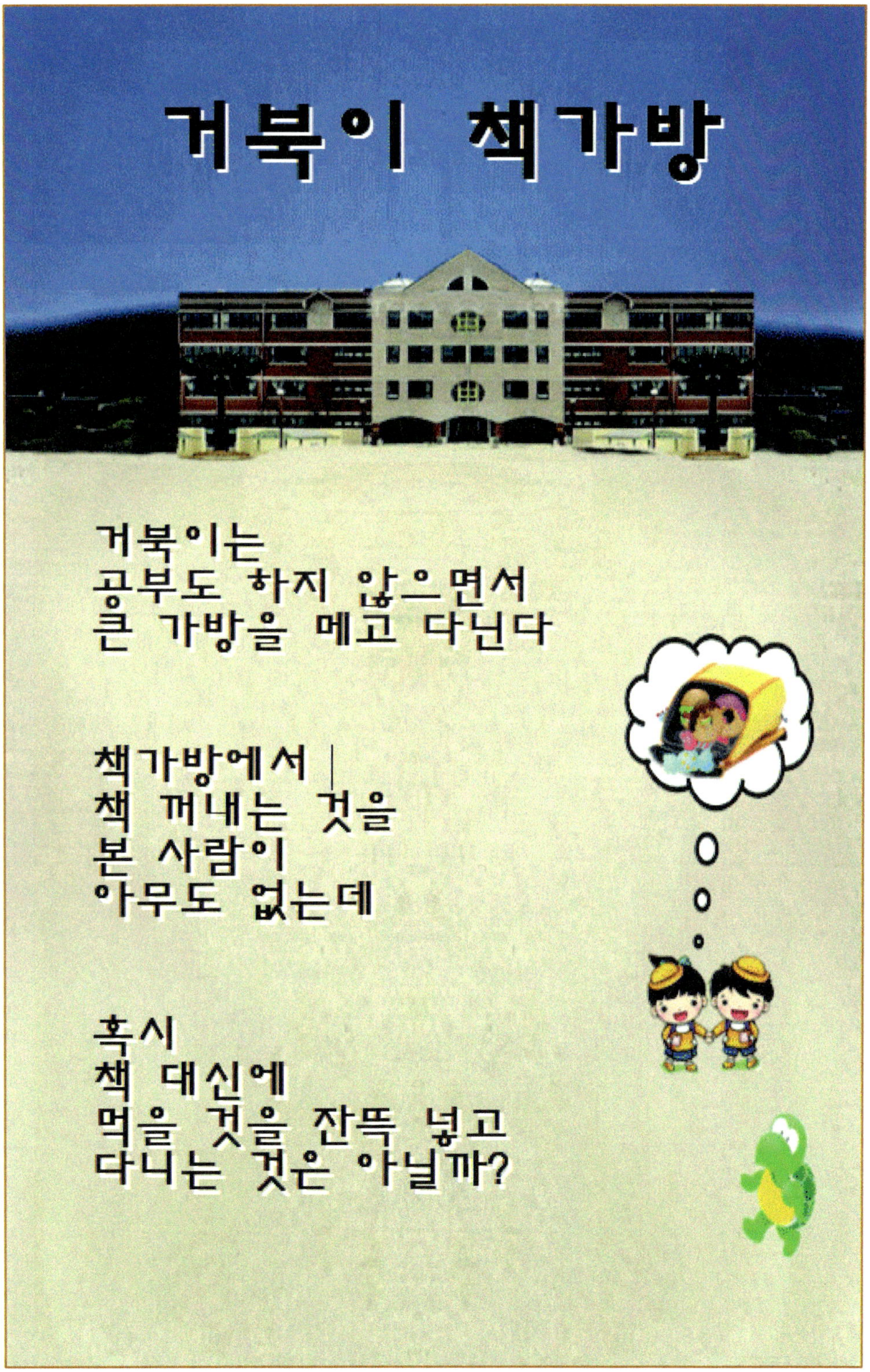
거북이 책가방
거북이는
공부도 하지 않으면서
큰 가방을 메고 다닌다
책가방에서
책 꺼내는 것을
본 사람이
아무도 없는데
혹시
책 대신에
먹을 것을 잔뜩 넣고
다니는 것은 아닐까?

골고루 먹어요

골고루 먹어요
신선한 야채도 냠냠
알록달록 과일도 냠냠
아, 맛있다!

골고루 먹어요
하얀 우유도 꿀꺽
팔딱팔딱 생선도 쩝쩝
아, 맛있다!

키는 쑥쑥
몸이 튼튼
얼굴은 반짝
친구야 우리 모두
맛있게 골고루 먹자

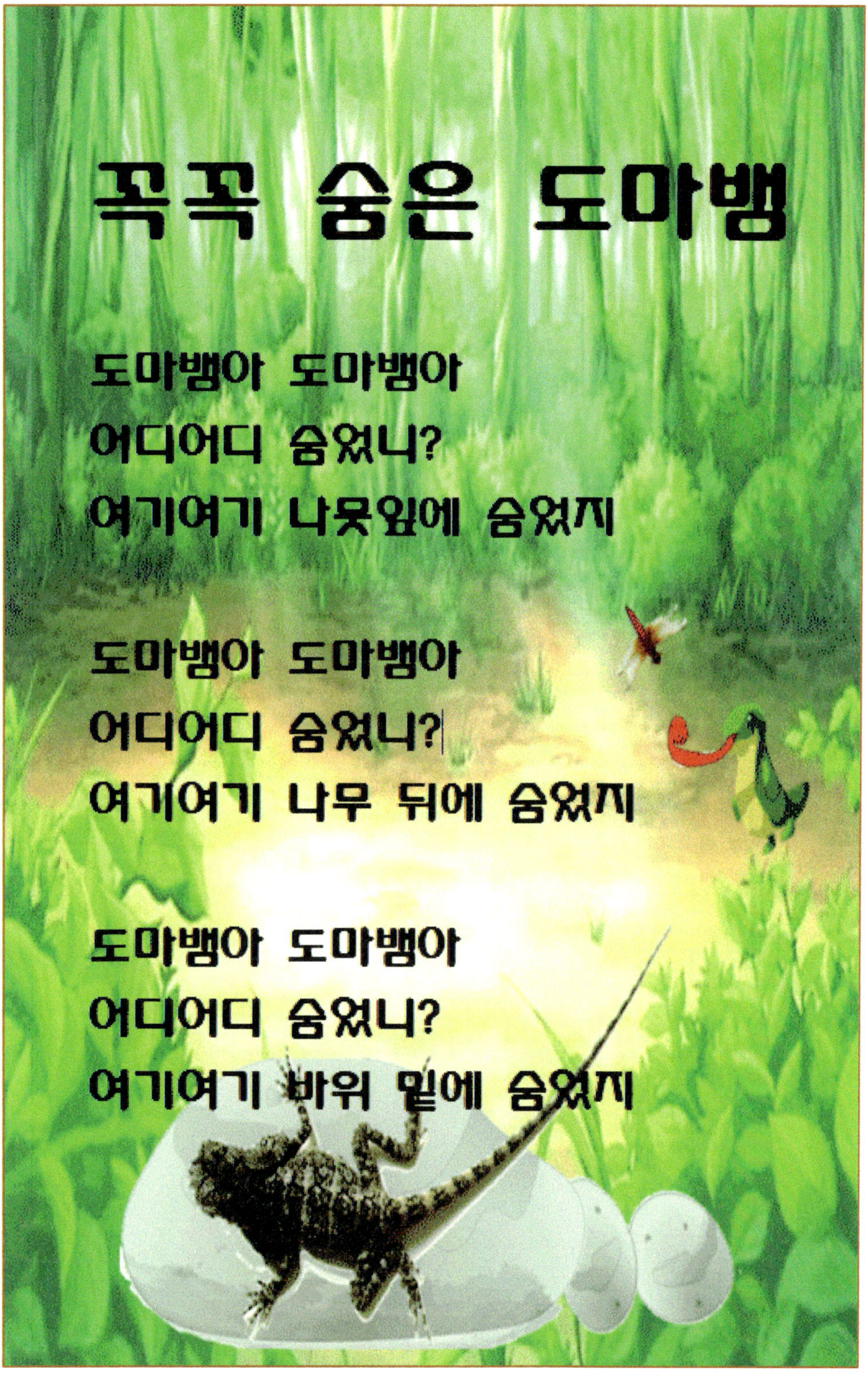
꼭꼭 숨은 도마뱀
도마뱀아 도마뱀아
어디어디 숨었니?
여기여기 나뭇잎에 숨었지
도마뱀아 도마뱀아
어디어디 숨었니?
여기여기 나무 뒤에 숨었지
도마뱀아 도마뱀아
어디어디 숨었니?
여기여기 바위 밑에 숨었지

꽃게야 꽃게야

꽃게야 꽃게야
튼튼한 너의 집게
내게 빌려주지 않겠니?

우리 엄마 빨래 널 때
내 옷도 널어놓게

꽃게야 꽃게야
재빠른 너의 다리
내게 빌려주지 않겠니?

우리 유치원 운동회 때
빨리 달려보게

나의 몸

눈 눈 책을 보고요

코 코 숨을 쉬고요

입 입 노래하고요

귀 귀 소리 들어요

머리 머리 생각하고요

가슴 가슴 친구야 사랑해

손 손 그림 그리고

발 발 뛰어 놀아요

뒤뚱 뒤뚱 신사
남극의 펭귄은
신사랍니다
우리 아빠처럼
멋있는 신사랍니다
그러나 걸을 때는
뒤뚱뒤뚱 걷지요
우리 아가처럼
뒤뚱뒤뚱 걷지요

만약에 나에게
비행기가 있다면
만약에 나에게 비행기가 있다면
나는 하늘 높이 있는
에펠탑을 보고 싶어
만약에 나에게 비행기가 있다면
나는 갸우뚱 기울어진
피사의 사탑을 보고 싶어
만약에 나에게 비행기가 있다면
나는 산들산들 바람 불면 돌아가는
풍차를 보고 싶어
만약에 나는 나는 비행기가 있다면
뭉실뭉실 구름이 떠있는 하늘을 날아서
세계 여행을 하고 싶어

무지개 물고기
세상에서 제일 예쁜
무지개 물고기
빙그르르 반짝
반짝 빙그르르
친구들이 부러워서
하나만 줄래?
줄까? 말까?
줄까? 말까?
어느 날
여기저기서
반짝 빙그르르
빙그르르 반짝

보름달
밤마다 밤마다
잠도 못 잤는데
어쩌면 포동포동
살이 쪘을까?
날마다 날마다
햇볕도 못 쬐었는데
어쩌면 토실토실
살이 쪘을까?

우리 친구 소방차

삐뽀삐뽀 우리 친구 소방차
불이 나면 불러줘요
삐뽀삐뽀

삐뽀삐뽀 우리 친구 소방차
불을 끄러 가야 해요
삐뽀삐뽀

장난전화는 안돼요
불장난도 안돼요

언제나 고마운
우리 친구 소방차

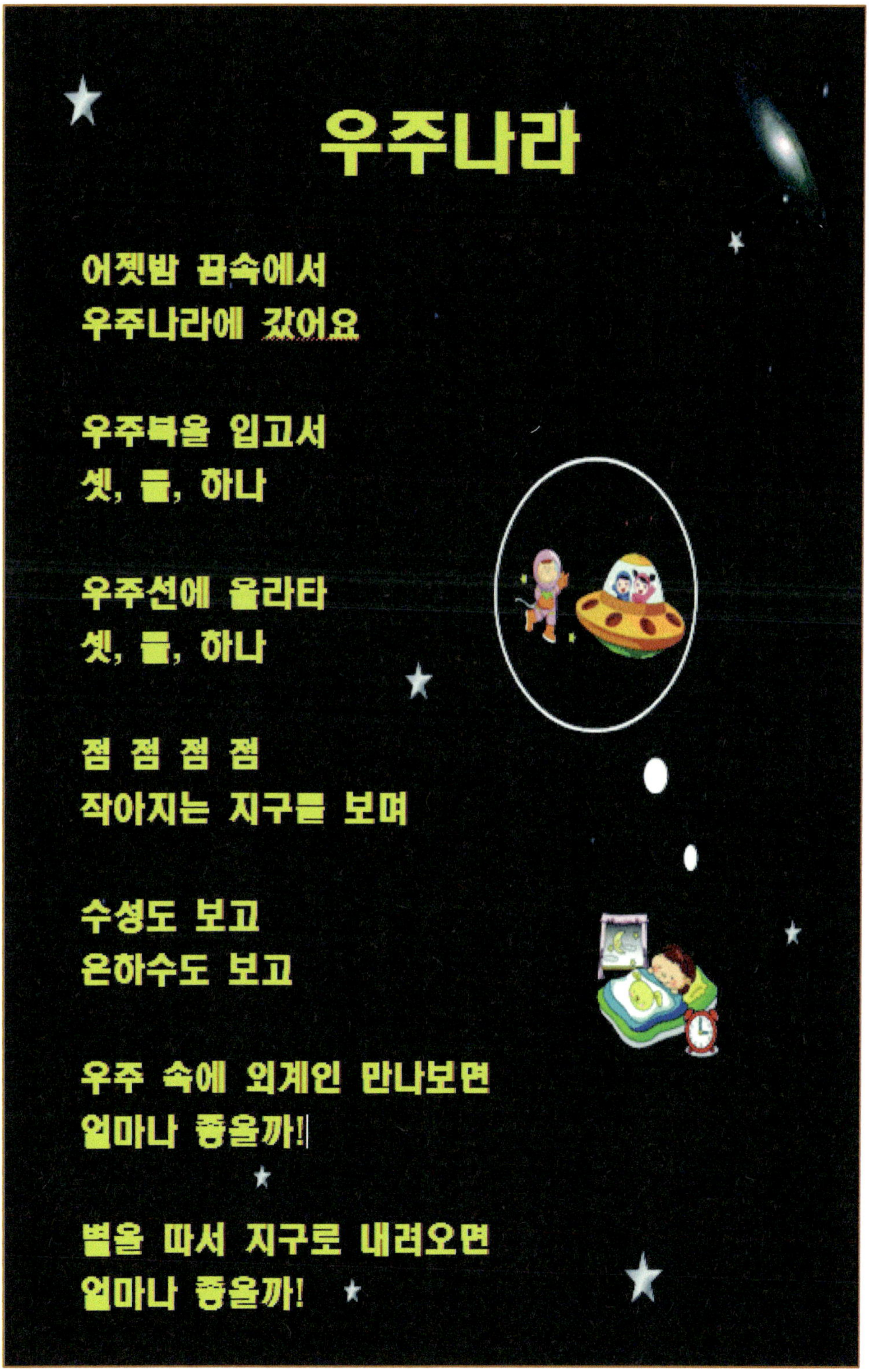
우주나라
어젯밤 꿈속에서
우주나라에 갔어요
우주복을 입고서
셋, 둘, 하나
우주선에 올라타
셋, 둘, 하나
점 점 점 점
작아지는 지구를 보며
수성도 보고
은하수도 보고
우주 속에 외계인 만나보면
얼마나 좋을까!
별을 따서 지구로 내려오면
얼마나 좋을까!

위장술 곤충

알록달록한
이파리 사이에 숨어있네
나는야 위장한
얼룩잎여치

바스락 바스락
마른 나뭇가지에 숨어있네
나는야 위장한
배버들나방

뾰족뾰족한
장미 줄기에 숨어있네
나는야 위장한
자벌레

얼룩덜룩한
나뭇가지에도 숨어있네
나는야 위장한
이끼벌레

자석에 대어 보세요

자석에 대어 보세요
놀이터에 있는 돌도
책상에 있는 지우개도
주방에 있는 유리컵도
입고 있는 옷도
자석에 대어 보세요
돌,지우개는 붙지 않아요
유리컵, 옷도 붙지 않아요

자석에 대어 보세요
아빠가 쓰는 못도
엄마가 쓰는 바늘도
내가 쓰는 포크도
자석에 대어 보세요
못이 찰싹
바늘, 포크도 찰싹
철로 만들어진 것은
자석에 잘 붙어요

제기차기

아기 새 한 마리 날아다닌다
둘러선 나무들 사이로
이 나무 포르르
저 나무 포르르

얼씨구나 좋구나
우리 놀이 제기차기 좋구나
하늘까지 차보자
높이 높이 더 높이

하나, 둘, 셋, 넷, 다섯
얼씨구나 좋구나
우리놀이 제기차기 좋구나
하늘까지 차보자
높이 높이 더 높이

지렁이 한 마리
땅 속에 지렁이 한 마리
꼬물꼬물 기어가다
두더지 만나 깜짝
개구리 만나 깜짝
쏘옥 쏘옥 구멍을 파네
꼬물꼬물 지렁이가
땅속에 구멍으로
쏘옥 쏘옥 숨어버리네

할머니 집

산을 따라 강을 따라
할머니 집으로 가는 길

할머니는
지금쯤 무엇을 하고 계실까

달달달 경운기 소리
음매음매 소 밭 메는 소리

우리 강아지 왔다며
아궁이에 불부터 지피시고
가마솥엔 김이 모락모락

엄마는 밀린 빨래를 빨래판에 다다닥
아빠는 빗자루로 마당을 쓱쓱

할머니 집에 오면
옛날 냄새가 나요
그래서 난 할머니 집이 좋아요

Part. 04

e-티칭 동시 CD(별첨부록)

1. e-티칭 동시 18편(동시수업용 파일)
2. e-티칭 동시 18편(동시 글 · 그림 모음집 파일)
3. e-티칭 동시 16편(동시 연속감상용 파일)

Part 04

e-티칭 동시 CD(별첨부록)

별첨부록으로 부착된 CD에 저장된 e-티칭 동시를 100% 활용하는데 도움이 되도록 CD에 담긴 내용물 및 활용방법에 대해 간략하게 설명하면 다음과 같다.

1. e-티칭 동시 18편(동시수업용 파일)

● 동시수업용, e-티칭 동시 18편 : 버튼( )을 클릭하면 재생됨

- e-티칭 동시 18편을 각각 분리하여 18개의 파일로 저장하였습니다. 이는 동시감상 및 낭송, 짓기에 PPT 프로그램을 작동시켜 유통성있게 활용할 수 있습니다.
- 「우주나라」는 컴퓨터 환경에 따라 작동이 정상적으로 안 될 수도 있습니다. 혹시 그런 경우가 발생하면 마우스 왼쪽을 1~2회 연속 눌러 주면 정상적으로 작동합니다. 특히 9~10행 "수성도 보고 은하수도 보고"가 낭송되기 바로 직전에 마우스 왼쪽 버튼을 1~2회 정도 눌러 주면 8개의 행성이 나타나는 장면이 나옵니다. 동시수업에 유용하게 활용하기 바랍니다.

2. e-티칭 동시 18편(동시 글 • 그림 모음집 파일)

● 출력용 및 게시용, 18편 동시 글 • 그림 모음집 : 동시 글과 배경화면으로 구성됨

- 18편의 동시를 칼라 출력하여 벽에 부착 및 게시할 수 있도록 만든 동시의 글과 그림이 조화롭게 구성된 자료이다. 유아들이 동시를 감상하고 낭송하기 위한 자료로 벽에 부착하거나 언어영역에 비치하여 활용할 수 있다.
- 필요에 따라 크기를 조절하여 출력하므로써 동시수업에 편리하게 사용할 수 있다.
- A4 용지 및 A3 혹은 B4 등 원하는 크기에 따라 칼라 출력하여 낱장으로 코팅하여 동시수업에 활용할 수도 있고 화일 및 바인더에 끼워 동시 관련 교수학습 자료로 유용하게 활용할 수 있다.

3. e-티칭 동시 16편(동시 연속감상용 파일)

● 연속 동시감상용, e-티칭 동시 16편 : 동시 연속감상 버튼( )을 클릭하면 재생됨.

- 16편의 e-티칭 동시를 1개의 파일로 통합해서 16편의 동시가 연속적으로 자동 재생되어 나옴. 따라서 유아들이 일상생활에서동시감상을 하도록 하는 환경을 조성하는데 유용하게 활용할 수 있음. 또한 생활주제와 소주제와 관련된 수업시, 관련있는 e-티칭 동시를 컴퓨터 영역의 바탕화면에 깔아 유아들이 클릭하여 원하는 동시를 언제든 자유롭게 감상하도록 할 수 있다.
- 18편 중에서 「거미」, 「우주나라」 e-티칭 동시는 제외함.
- 동시 연속감상 버튼( ) 클릭 한번으로 16개의 동시를 연속적으로 감상하는 것이 가능하다.
- 16편의 e-티칭 동시 전체 연속감상은 16분이 소요된다.
- e-티칭 동시 1편이 끝나면 5초 후에 다음 순서의 e-티칭 동시가 자동으로 재생된다.

저자소개

강미희

현재) 광주보건대학교 유아교육과 학과장 및 교수

- 한국유아교육학회 광주·전남지회 이사
- 광주광역시청 보육정책위원회 위원

전) 한국유아교육학회 광주전남지회 상임위원 및 감사

- 광주보건대학교 유아교육과 학과장
- 광주광역시교육청 유치원 장학위원 및 평가위원
- 광주교육연수원 1급 정교사 자격연수 강사
- 전남대학교 중등교원연수원 유치원 교사 직무연수 강사
- 전남교육연수원 유치원 1급 자격연수 교육과정개발 자문위원
- 초등학교병설유치원 교사경력 13년

학력)

- 전남대학교 유아교육 학사 졸업
- 한국교원대학교 유아교육 석사 졸업
- 한국교원대학교 유아교육 박사과정 수료

감성적이고 창의적인 유아를 위한 e–티칭 동시수업

1판 1쇄 발행 2013년 01월 25일
1판 3쇄 발행 2024년 03월 04일
저　　자 강미희
발 행 인 이범만
발 행 처 **21세기사** (제406-2004-00015호)
경기도 파주시 산남로 72-16 (10882)
Tel. 031-942-7861　　Fax. 031-942-7864
E-mail : 21cbook@naver.com
ISBN 978-89-8468-482-9
정가 27,000원

이 책의 일부 혹은 전체 내용을 무단 복사, 복제, 전재하는 것은 저작권법에 저촉됩니다.
저작권법 제136조(권리의침해죄)1항에 따라 침해한 자는 5년 이하의 징역 또는 5천만 원 이하의 벌금에 처하거나 이를 병과(倂科)할 수 있습니다. 파본이나 잘못된 책은 교환해 드립니다.